Salvatore Livecchi

Una vera orchestra virtuale
Creare la propria musica con l'ausilio del PC

edizioni

Autore: Salvatore Livecchi

Copyright 2007: MultiMediaVda
E-mail: contatti@multimediavda.com
WebSite: www.multimediavda.com
ISBN: 978-1-84799-372-4

Edizioni: Lulu
Cover: Andrea Argenton
Impaginazione: MultiMediaVda
Foto in quarta di copertina: Marco Livecchi

Scrivere un libro è un compito arduo e foriero d'errori: per questo motivo, saremo grati a tutti i Lettori che vorranno segnalare eventuali sviste o comunicarci la Loro opinione su quest'opera inviando una e-mail a: contatti@multimediavda.com

Finito di stampare nel mese di Dicembre 2007

INDICE

A Laura.

0. Prefazione di Andrea Valle

È con grande piacere che vedo apparire in forma stampata questo lavoro, la cui origine è una tesi di laurea discussa presso il DAMS di Torino nell'ambito del mio insegnamento di Audio e multimedia. Ma fortunatamente gli aspetti di carattere accademico o istituzionale sono rilevanti soltanto in una prospettiva storica: per dire che quel lavoro ha dato origine a un testo, quello attuale, del tutto autonomo rispetto alle esigenze redazionali universitarie.

Tre sono i punti di forza del testo di Salvatore Livecchi.

In primo luogo, *Una vera orchestra virtuale* nasce evidentemente da un lavoro sul campo che l'autore svolge da anni, sia in termini produttivi che didattici, nell'ambito dell'orchestrazione virtuale attraverso tecnologie MIDI e vst. Ne consegue una dimestichezza evidentente con i problemi e gli strumenti che il testo affronta. Il libro si caratterizza così per la discussione precisa di metodi, aspetti e tecnologie della pratica compositiva assistita, o meglio della sua declinazione specifica in termini di orchestrazione virtuale.

Quest'ultimo ambito, pur se largamente diffuso nel contesto produttivo dello studio, non è però così discusso in bibliografia: quella accessibile è scarsa ed è tipicamente in inglese. Il secondo punto di rilievo di questo libro è dunque quello di colmare un vuoto bibliografico importante.

Infine, il fatto che questo stesso ambito non sia così descritto nelle pubblicazioni dipende anche dalla sua quasi assenza dall'agenda della ricerca accademica. Al di là delle possibili motivazioni, ne consegue che le pubblicazioni in merito tendono a caratterizzarsi per un tecnicismo minuto, spesso legato alle soluzioni tecnologiche, attuali nel brevissimo periodo in cui quelle stesse pubblicazioni vengono eleborate.

Ne deriva un'assenza di generalità nell'affrontare i problemi che, oltre a rendere molto rapidamente desueti simili testi, impedisce al lettore di avere uno sguardo più alto sui problemi, sapendo che è la generalità dell'approccio che permette di muoversi tra le soluzioni tecnologiche, il cui tasso di obsoloscenza è necessariamente molto elevato. Questo un terzo punto importante del lavoro di Salvatore Livecchi.

Come diceva Jean Tinguely a Niki de Saint-Phalle, "Il sogno è tutto, la tecnica è niente, la tecnica si può apprendere". Il ché non vuol dire di mancare di rispetto alla tecnica (come certo non avrebbe mai voluto fare Tinguely), ma sapere che bisogna mantenere il sogno perché la tecnica, in quanto tale, (fortunatamete) si può sempre apprendere.

Andrea Valle

1. Introduzione

Potrebbe sembrare che fra la musica e l'informatica non sia possibile trovare qualche elemento comune. La storia della musica abbraccia diverse centinaia di secoli; quella dell'informatica risale a pochi decenni or sono. La musica è una delle nove arti che stavano sotto la protezione delle Muse, l'informatica appartiene al mondo delle scienze esatte e delle nuove tecnologie.

L'informatica è spesso considerata un mondo a sé stante, freddo e sintetico, governato dalla fermezza e dalla meccanicità di algoritmi di programmazione i cui dati restituiti sono rigorosi e insindacabili. La musica viene invece percepita come un emisfero autonomo, intimamente legato a questioni di estetica (per lo meno nella concezione di noi occidentali), che ha conosciuto infinite evoluzioni formali, esecutive ed emotive.

Eppure, soprattutto negli ultimi due lustri, le due discipline appaiono sempre più correlate. Se tuttavia ci si ostina a considerarle completamente sconnesse, si rischia di perdere un'opportunità estremamente stimolante che l'attuale progresso tecnologico mette a disposizione.

L'evoluzione dell'ingegneria informatica ha permesso, soprattutto negli ultimi dieci anni, di ampliare notevolmente le prestazioni dei processori dei computer, proponendo schede audio sempre più evolute e software sempre più sofisticati, per di più alla portata di tutti. Questo nuovo mercato, che sta anche producendo un *business* piuttosto rilevante, ha permesso di coniugare sempre più le varie arti con informatica, rinvigorendo così ogni settore artistico. I diversi media hanno tratto indubbio beneficio da queste innovazioni: il cinema, la televisione, ma anche il teatro hanno subito colto le potenzialità della commistione tra informatica ed arte, attingendo ciascuno diversi importanti mutamenti, che hanno determinato spesso svolte epocali.

Già nei primi anni Ottanta, in ambito musicale avviene una piccola rivoluzione attraverso l'invenzione dello *standard* MIDI. Il protocollo MIDI è: *"una vera e propria lingua franca nelle applicazioni informatiche rivolte alla musica[1]"*, che permette di far comunicare e controllare diversi dispositivi. *"Sebbene la natura dei messaggi codificati attraverso il MIDI non sia necessariamente musicale, di fatto con il protocollo MIDI si intende il modo di rappresentazione della musica [...] che ha raggiunto [...] una diffusione commerciale praticamente universale[2]"* e che ha cambiato radicalmente il modo di comporre, eseguire e registrare la musica, sia dal vivo che in studio di registrazione.

Sfruttando appieno le peculiarità del MIDI, a metà degli anni Novanta, avviene un altro radicale cambiamento in ambito informatico–musicale, grazie alla software *house* tedesca Steinberg, che inventa la tecnologia Vst (*Virtual Studio Tecnology*), i cui *standard de facto* permette di gestire il suono di strumenti campionati da strumenti acustici reali, abbattendo così il "limite" del suono "freddo" del MIDI, che fino ad allora era stato essenzialmente utilizzato solo a fini tecnologici o comunque per preproduzioni.

---

[1] Cfr. Vincenzo Lombardo e Andrea Valle, 2006, p. 215.

[2] Cfr. *ivi*, p. 223.

L'utilizzo di queste tecnologie è oggi applicato sempre più per questioni concrete, ad esempio le orchestrazioni virtuali[3], che fino a pochi anni fa avevano il solo scopo di dare un'idea di massima del brano ed ora sono inserite in cd–audio di artisti, anche di primissimo piano, provenienti da tutti i generi e culture musicali. Inoltre, attualmente le produzioni cinematografiche, anche per evidenti motivi economici, preferiscono assumere due, al massimo tre bravi orchestratori virtuali, per produrre concretamente l'opera del compositore designato: il dispiegamento finanziario in questo modo di procedere sarà sicuramente, e non di poco, inferiore a quello tradizionale che prevede un'orchestra reale.

Adottando questo tipo di procedimento non ci si limita, tuttavia, a conseguire concreti vantaggi economici; questi ultimi, anzi, appaiono meno significativi se si pensa ai risultati estetici che si possono ottenere. Ad esempio, in ogni fase di tale procedimento viene sempre garantita un'elevata qualità dell'audio percepito, avendo inoltre a disposizione la versatilità che contraddistingue ogni processo basato su supporto informatico[4]. Senza contare il significativo vantaggio per quanto concerne il tempo necessario all'elaborazione del prodotto: nella produzioni tradizionali sono previste le prove di acquisizione ed affidamento del repertorio, che in tale procedimento diventano superflue.

---

[3] L'orchestrazione virtuale è una tecnica, nata per questioni tecnico–prestazionali da circa cinque anni, in grado di riprodurre virtualmente un'orchestrazione od un arrangiamento utilizzando strumenti virtuali e librerie di suoni campionati di elevata qualità, per questo motivo molto simili ad esecuzioni reali e quindi per questo molto verosimiglianti.

[4] Cfr. Lev Manovich, 2002, cap. 2.

Attraverso diversi, e non scontati, passaggi di "umanizzazione" delle partiture MIDI[5], gli orchestratori virtuali riescono a far suonare un elaboratore in maniera del tutto verosimile a una vera orchestra d'archi al completo.

Fino a questo punto sembrerebbe che la nuova tecnologia comporti solo dei miglioramenti tangibili ai vecchi processi compositivi e realizzativi di musiche; così non è, purtroppo. Non manca il rovescio della medaglia, almeno per quanto concerne i "tradizionalisti".

Orchestrare virtualmente e tradurre in realtà uno spartito attraverso campioni di strumenti reali, ma programmati esplicitamente per produrre determinati effetti o articolazioni tecniche, potrebbe suscitare in alcune persone dei dissensi. Queste opere potrebbero, infatti, non essere viste di buon occhio in quanto considerate soltanto "sintetiche", quindi fredde e, di conseguenza, ben poco attinenti con l'arte "calda" della musica.

Sembra che Carl Philip Emanuel Bach affermasse che, per emozionare qualcuno, bisogna suonare dall'anima. Allora poco importa se le vibrazioni che mi trasmettono delle emozioni provengono dalla Fender Jaguar bistrattata da Kurt Cobain, o da uno Stradivari del XVIII sec. "interpretato" da Niccolò Paganini, o da un elaboratore adeguatamente programmato per restituire esecuzioni di musica: l'importante è ricordare che, se esiste qualcosa che si possa trasmettere o recepire, il mezzo ne è solo il tramite, ciò che in maggior misura è rilevante è quel che viene comunicato.

---

[5] Cfr. cap. 7 del testo.

1.1 La musica e le nuove tecnologie

Fino ai primi anni Novanta, i personal computer venivano adottati essenzialmente come strumenti per rendere i vecchi processi lavorativi più veloci, versatili e sicuri. La funzione principale era, si può dire, di sostituto avanzato di una macchina da scrivere, di una tela da disegno, etc.

Successivamente, grazie anche all'avvento di Internet, i computer cominciano a svolgere funzioni sempre differenti, trasformando la loro l'immagine pubblica in veri e propri *new media*[6], in grado non solo di creare, ma anche distribuire, memorizzare ed accedere a tutti i tipi di *media*[7].

Grazie alla confluenza dei tradizionali mezzi di comunicazione (ad esempio: stampa, cinema, televisione etc.), con le nuove tecnologie informatiche, hanno visto la nascita quelli che comunemente vengono definiti nuovi media (o *new media*).

Nel libro *Il linguaggio dei nuovi media* Lev Manovich ha definito alcuni dei principi che accomunano i nuovi mezzi di comunicazione. La tendenza generale che Manovich evidenzia nella cultura attuale (compresa quella musicale), è che questa, negli ultimi dieci anni, stia subendo un graduale, sempre più crescente, processo di digitalizzazione delle informazioni[8], dando di conseguenza vita a nuove capacità produttive oltre che espressive. Lev Manovich ha cercato di

---

[6] Cfr. Lev Manovich, 2002, cap. 1.

[7] Cfr. *ivi*, pp. 69–71.

[8] Cfr. *ivi*, p. 46.

definire alcuni dei concetti che accumunano i nuovi media, illustrando cinque diversi punti (la rappresentazione delle informazioni in forma numerica, la modularità, l'automazione delle operazioni, la variabilità degli oggetti ed il *transcoding*, ovvero la traducibilità). Il primo punto, ovvero la nozione di "rappresentazione numerica"[9] che lo scrittore russo illustra nel secondo capitolo del libro, nell'ambito di questo testo è fortemente implicato non solo nel settore musicale che fa uso dell'informatica per concepire nuove espressioni artistiche, ma anche in quello della musica tradizionale che, grazie al vantaggio della digitalizzazione, permette ad esempio di spostare la musica in qualsiasi parte del mondo sotto forma di "leggero" dato binario.

Lo sfruttamento di tutte le potenzialità introdotte dalla digitalizzazione delle informazioni, e dalla loro facile gestione attraverso ad esempio l'interfaccia culturale "a finestre" di ogni sistema operativo, ha "dato il la" anche ad una nuova era della storia della musica, in cui le nuove tecnologie per l'arte dei suoni sono differenti dispositivi informatici (non solo software o hardware), ma anche attrezzature elettroniche in grado di operare connesse ai computer o in modalità *stand-alone*[10].

---

[9] Cfr. *ivi*, cap. 2.1.

[10] Letteralmente "sta in piedi da solo" o "indipendente": indica quei software o quegli hardware in grado di lavorare indipendentemente dalla presenza di altri oggetti con cui potrebbe comunque interagire.

1.2   Obiettivi del testo

Fine principale di questo testo è illustrare l'attuale offerta informatica messa a disposizione del compositore di musica classica o, in ogni caso, di chi componga un'opera che preveda un organico di strumenti acustici.

Le tecniche che saranno qui illustrate sono in ogni modo una piccola parte di ciò che oggi è possibile realizzare conoscendo a fondo le nuove tecnologie.

Gli argomenti trattati, per affrontare le questioni in modo abbastanza approfondito, riguarderanno essenzialmente gli ambiti compositivo ed esecutivo di tipo classico e, dal punto di vista strumentale, gli argomenti riguardanti nello specifico la famiglia degli strumenti ad arco.

PRIMA PARTE

"Si abbi nelle cose ad vedere el fine et non il mezzo."

Il Principe – di Niccolò Machiavelli

2. Storia del MIDI

2.1 Come e quando nasce il MIDI

"Nel mondo della Computer Music una grandissima importanza è ricoperta dal MIDI, un sistema di comunicazione digitale fra strumenti musicali elettronici e software, di cui bisogna avere una conoscenza perfetta per sfruttarlo nel migliore dei modi"[11].

Il MIDI[12] è l'acronimo di Musical Instruments Digital Interface, ovvero interfaccia digitale per strumenti musicali; il termine indica sia il protocollo utilizzato per comunicare, sia le interfacce di comunicazione, sia il linguaggio di comunicazione che una lista di

Il primo sintetizzatore Prophet 600 prodotto da SCI

specifiche[13]. È uno *standard* di comunicazione che permette, agli strumenti musicali compatibili e ai computer, di comunicare in tempo reale utilizzando un linguaggio comune.

All'inizio degli anni Ottanta, il MIDI ha avuto un ruolo importante

---

[11] Cfr. Pier Calderan e Luca Barbieri, 2004, p.147.

[12] Crf. Vincenzo Lombardo e Andrea Valle, 2006, p.215.

[13] Un esempio di un concetto simile è ad esempio la connessione USB, che identifica sia il protocollo di comunicazione tra i vari dispositivi sia il tipo di connettori che collegano questi ultimi.

nell'industria della musica, fornendo, in egual misura ai musicisti ed ai semplici appassionati, uno strumento capace di colmare un divario esistente prima della sua introduzione nel mercato.

Una svolta significativa per la musica che utilizza il supporto informatico si verifica nei primi anni ottanta, quando Dave Smith e Chet Wood, progettisti della *Sequential Circuit* (SCI) che, pubblicando il documento intitolato *The complete SCI MIDI*[14], presentano al mondo intero il prototipo di quello che sarebbe per tutti diventato nel 1983 il MIDI.

L'esigenza principale che aveva portato allo studio, e quindi alla realizzazione di questa tecnologia, era la possibilità di collegare e fare comunicare tra loro strumenti musicali anche se prodotti da aziende diverse e quindi basati ognuno su tecnologie proprietarie[15].

Verso la fine degli anni Settanta, prima dell'introduzione del protocollo MIDI, i vari sintetizzatori erano monofonici, quindi, chi voleva eseguire una linea melodica proveniente da due differenti *synth*[16] costruiti da varie case produttrici, poteva solo suonarli contemporaneamente. Creare dunque un suono multitimbrico, ricco e personalizzato non era affatto comodo, anche per il più virtuoso dei musicisti, soprattutto se dal vivo. L'unica soluzione era costringere l'utente ad acquistare solo sintetizzatori della stessa marca, dunque compatibili, per collegarli tramite un protocollo proprietario o ad un *sequencer* sempre della casa madre.

Anche per ovviare a questi problemi, nel 1982 fu presentato

---

[14] Cfr. Enrico Paita, 1997, p.127.

[15] Cfr. *ibidem*.

[16] Abbreviazione del termine inglese *Synthetizer* (sintetizzatore).

ufficialmente il MIDI (versione 1.0). In particolare furono rese pubbliche le specifiche del primo vero *standard* d'interfacciamento tra strumenti musicali. La fase realizzativa del progetto fu talmente ben strutturata, e poi concretizzata, da non necessitare quasi di modifiche o aggiornamenti nel corso di questi venticinque anni[17].

"La possibilità di mettere in pratica tutto quello che il protocollo MIDI prevede è assicurata dal fatto che nel 1980 il novantanove per cento dei sintetizzatori erano costruiti con i circuiti integrati: i vari chip all'interno dei sintetizzatori digitali controllavano la maggior parte delle operazioni dello strumento"[18].

2.2   Perché è stato progettato

Chiunque abbia in mente un concerto di una qualsiasi *rock band* fino agli anni ottanta, potrebbe ricordare il tastierista del gruppo letteralmente sepolto ed alle prese con diverse tastiere (anche una decina). Durante gli spettacoli dal vivo di oggigiorno, invece, il tastierista raramente ne possiede più di due o tre. Il motivo di questo sgravio è dovuto in parte al MIDI e alla tecnologia *VSTi* (di cui si parlerà nel successivo capitolo 3 del libro). Il motivo di questa abbondanza di strumenti (monofonici e con pochi timbri) era dovuto al fatto che, ogni costruttore basava le interfacce delle proprie

---

[17] Per la precisione, attualmente, è disponibile da alcuni anni lo *standard* MIDI2, le cui caratteristiche non sono comunque state apprezzate quanto la rivoluzionaria versione 1.

[18] Cfr. *ivi*, p.128.

tastiere solo su algoritmi proprietari, che garantivano dunque il proprio funzionamento solo su strumenti realizzati dallo stesso produttore.

Il grande limite che Wood e Smith riuscirono a superare, fu proprio il seguente: progettarono, infatti, un nuovo linguaggio di comunicazione capace di trasmettere dati informatici da e per tastiere la cui "genesi" costruttiva era

Un tastierista in un concerto degli anni '80

diversa. Questo era possibile grazie al MIDI, ma non solo, con la nuova tecnologia era possibile ad esempio sincronizzare tutte le tastiere tra di loro o ad una base in precedenza registrata.

Per assicurare la totale compatibilità tra i vari strumenti, al di là della casa produttrice, i maggiori fabbricanti di hardware musicale di tutto il mondo, furono invitati a partecipare alla stesura definitiva delle prime specifiche MIDI. Roland, Yamaha, SCI, Kawai e diverse altre furono i primi produttori di strumenti digitali ad aderire alla proposta, aiutandone la definizione e favorendo così la diffusione della tecnologia MIDI.

Impostando una tastiera come *Master* (Fig. 1), ovvero chi comanderà la rete di connessioni tra i vari hardware, e le altre come *Slave*, che verranno comandate dalla *Master*, grazie al protocollo MIDI è stato possibile anche governare da un solo hardware tutte le altre periferiche ad essa collegare in cascata, utilizzando così i diversi banchi sonori presenti in ogni tastiera.

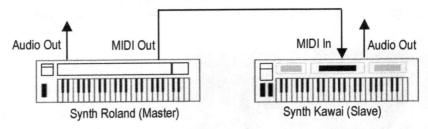

Fig. 1 - Esempio di connessione Master-Slave tra due Synth di marche diverse

2.3 Il file MIDI

Il *midifile* è essenzialmente un file di testo, all'interno del quale vengono memorizzate tutte le informazioni necessarie ai sintetizzatori ed ai *sequencer* per riprodurre correttamente un brano. Per consentire di trasportare un *midifile* da uno strumento all'altro è necessario poi che gli strumenti dispongano di un lettore di *floppy disk* o di un *hard disk* su cui poter memorizzare la *song* da riprodurre o anche modificare.

Il problema che si verificò all'inizio fu l'incompatibilità tra i diversi file MIDI, poiché se una casa registrava una sequenza MIDI in modo proprietario, questa era poi inaccessibile (e quindi non interpretabile) dai vari dispositivi prodotti da altre marche[19]. Questo problema fu risolto nel 1991[20] quando venne formalizzato uno *standard* detto *GM General MIDI Level 1*. Questo *standard* prevedeva l'assegnazione di

---

[19] Cfr. Enrico Paita, 1997, p.163.

[20] Cfr. *ivi*, p.155.

una precisa *patch*[21] per ogni timbro di strumento (ad es. *patch* n.74 Flauto, *patch* n.41 Violino etc.), consentendo così la corretta interpretazione dei dati da qualsiasi strumento compatibile con il *GM Level 1*.

2.3.1 SMF (Standard MIDI File)

Fino a questo momento si è illustrato il solo protocollo MIDI; per registrare però una sequenza MIDI in un file di scambio compatibile con lo *standard*, e quindi universalmente compreso, occorre illustrare cos'è uno SMF, acronimo di *Standard MIDI File*.

"Uno SMF viene genericamente chiamato anche file MIDI o file.mid perché l'estensione del file in un sistema informatico è .MID. Un file SMF viene codificato in formato ASCII (*American Standard Code for Information Interchange*) e permette quindi di scambiare le informazioni tra un dispositivo ed un altro in modo semplice e pratico...[22]"

All'interno del file MIDI, oltre le note, sono contenuti anche la tonalità del brano, il tempo d'esecuzione, l'unità di tempo e tutte quelle altre informazioni tipiche della notazione musicale tradizionale. Non solo: vengono memorizzate, e quindi eseguite, le informazioni in merito all'interpretazione di un brano, come ad esempio le dinamiche (tramite il parametro *velocity*).
Questo *standard* è compatibile, e quindi riconosciuto, anche da tutti i

---

[21] Cfr. elenco completo delle 128 patch in allegato n.1.
[22] Cfr. Enrico Paita, 1997, p.164.

programmi musicali come *sequencer* o software notazionali, che riproducono quindi tutte le informazioni necessarie per la corretta esecuzione della *song*; gli SMF permettono, inoltre, il facile interscambio anche tra piattaforme hardware differenti (ad es. Windows, OSX, Linux etc.), senza alcuna perdita d'informazioni.

2.4   A cosa serve attualmente

Durante questi venticinque anni di vita la diffusione del MIDI ha raggiunto capillarmente numerosi ambiti musicali, supportando sia musicisti che tecnici audio. In molti studi di registrazione professionali il MIDI è utilizzato ad esempio per complesse reti di strumenti musicali, che verranno poi gestite centralmente da un'unica interfaccia video[23].

Attualmente quasi tutti i dispositivi musicali (dai *mixer* digitali fino agli effetti delle batterie elettroniche) dispongono di un'interfaccia MIDI; esistono anche delle chitarre con *pick–up* MIDI, i cui risultati sono al momento discutibili, ma che comunque aprono un altro orizzonte al momento poco esplorato, ma dalle consistenti potenzialità.

Successivamente, e tuttora, il MIDI viene inoltre utilizzato per altri fini, anche non prettamente musicali, ad esempio per la sincronizzazione delle luci motorizzate degli spettacoli teatrali (ma

---

[23] Sono ormai diventate un nuovo *standard* le postazioni basate su hardware *Apple* (http://www.apple.com/it), software *sequencer Pro Tools* (http://www.digidesign.com) e hardware *Digidesign* (http://www.digidesign.com).

anche musicali) dal vivo; qui il MIDI e le sue potenzialità sono sfruttate per sincronizzare i movimenti e le caratteristiche cromatiche delle sorgenti illuminanti. Altro campo in cui vengono sfruttate le caratteristiche del MIDI, è il video: sempre con fini sincronici si utilizza il protocollo per far andare a tempo immagini in movimento e musica, con una conseguente spettacolarità multimediale.

2.5   I vantaggi del MIDI

Le peculiarità dei MIDI sono del tutto differenti da quelle di una reale esecuzione, ma possiedo per contro diversi pregi che spesso non sono messi in evidenza.

Uno dei migliori pregi della codifica MIDI è indiscutibilmente quello di poter udire, molto più distintamente che in una "esecuzione acustica", tutte le armonie e note dei vari strumenti. Ciò potrebbe risultare di poca rilevanza per alcuni, ma, per un compositore in fase creativa, l'ascolto accurato di tutti gli incastri melodici ed armonici risulta di fondamentale importanza. A prescindere poi che nella fase esecutiva non a tutte le parti sarà data la stessa importanza, questa maggiore distinguibilità delle varie voci offre all'autore delle nuove possibilità di studio timbrico oltre che armonico. Nei MIDI la polifonia generale di una composizione appare certamente fredda, ma permette al musicista di percepire ed analizzare la musica, da un certo punto di vista, in maniera del tutto diversa rispetto alla successiva riproduzione tradizionale.

Le agevolazioni nell'usare il formato MIDI, al posto del formato audio campionato, si denotano anche in termini di spazio disco occupato dai file: l'audio digitale richiede infatti un'enorme quantità di informazioni per poter riprodurre correttamente lo spettro sonoro (Fig. 3), mentre il formato MIDI, contenendo soltanto le informazioni per il sintetizzatore (Fig. 2), genera un file di dimensioni molto ridotte.

Ad esempio, ogni minuto di audio (stereofonico):

Formato Audio (qualità CD)	Formato MIDI
~ 10 MB (diversi milioni di byte)	~ Qualche Kilobyte (migliaia di byte)

"[...] in sostanza un file MIDI può essere visto come uno spartito, cioè contiene solo le note e le modalità di esecuzione della partitura: sarà compito poi del sintetizzatore MIDI di riprodurre adeguatamente il timbro di un suono [...] l'aumento del volume e via dicendo a seconda dei messaggi MIDI che riceve"[24].

Altro vantaggio è la totale flessibilità di gestire le esecuzioni registrate in questo formato *standard*: attraverso un qualsiasi *sequencer* è possibile ad esempio isolare ed ascoltare solo uno strumento (o gruppi di strumenti), facendo tacere il resto dell'orchestra ed analizzando con estremo dettaglio i vari incastri armonici, melodici e timbrici. Ma non solo, è possibile variare, diminuendo o aumentando, la velocità di esecuzione di un brano; è anche possibile modificare in pochi istanti tonalità del brano, registri

---

[24] Cfr. Enrico Paita, 1997, p.129.

degli strumenti, timbri di strumenti e posizione nello spazio stereofonico.

Tutte queste modifiche non comportano, inoltre, alcuna perdita di qualità, nel MIDI infatti qualsiasi tipo di *editing* non è distruttivo ed è annullabile tramite le usuali funzioni di *undo*.

Ultimo pregio, non certo per importanza, del MIDI è l'opportunità di riuscire ad eseguire un brano a qualunque velocità (indicata in *BPM*, acronimo di Battiti Per Minuto), che permette di sorvolare a certe mancanze tecniche di un determinato interprete, magari poco virtuoso. Differentemente che in una registrazione tradizionale, in cui uno dei principali problemi da tenere in considerazione è proprio l'esecutore, lavorando con il MIDI è possibile superare certe difficoltà d'esecuzione, per potersi quindi concentrare maggiormente sulle sonorità timbriche e musicali che si vorrebbero ottenere.

L	Tipo	Posizione di Inizio	Fine	Lunghezza	Dati 1	Dati 2	Data 3	Canale
♩	Nota	25. 4. 3.100	26. 1. 1. 12	0. 0. 1. 32	C4	99	64	4
♩	Nota	25. 4. 4. 36	26. 2. 2. 32	0. 1. 1.116	D#3	94	64	3
♩	Nota	25. 4. 4. 36	26. 1. 4. 0	0. 0. 3. 84	G#3	95	64	3
	Controllo	25. 4. 4. 48			CC 64 (Sustain)	0		3
	Controllo	25. 4. 4. 48			CC 64 (Sustain)	0		6
	Controllo	26. 1. 1. 20			CC 64 (Sustain)	127		3
	Controllo	26. 1. 1. 20			CC 64 (Sustain)	127		6
♩	Nota	26. 1. 1. 32	26. 1. 1.104	0. 0. 0. 72	F#1	65	64	10
	SMF: Versi	26. 1. 3. 24			5			
♩	Nota	26. 1. 3. 24	26. 1. 4. 32	0. 0. 1. 8	C4	96	64	4
♩	Nota	26. 1. 3. 32	26. 1. 3.100	0. 0. 0. 68	D#1	125	64	10
♩	Nota	26. 1. 3. 32	26. 1. 3.108	0. 0. 0. 76	F#1	115	64	10
♩	Nota	26. 1. 3. 36	26. 1. 4. 44	0. 0. 1. 8	F1	88	64	6
♩	Nota	26. 1. 3. 36	26. 1. 4. 44	0. 0. 1. 8	C2	90	64	6
♩	Nota	26. 1. 3. 36	26. 2. 2. 72	0. 0. 3. 36	C3	71	64	3
♩	Nota	26. 1. 3. 36	26. 3. 1. 32	0. 1. 1.116	G#3	85	64	11

Fig. 2 - Esempio di rappresentazione delle informazioni MIDI

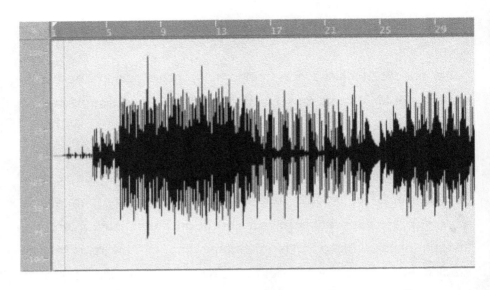

Fig. 3 - Esempio di rappresentazione delle informazioni audio

2.6   I limiti del MIDI

Il vantaggio della dimensione contenuta di un file salvato in questo formato (che raramente supera i 50 Kb[25]) viene subito oscurato da un'altra sua caratteristica: la qualità timbrica degli strumenti.

Sebbene molti pensino che i file MIDI siano simili a quelli audio, ma di minore qualità, bisogna dire che questi, a differenza di quelli a cui vengono paragonati, non hanno al loro interno alcuna onda sonora (trasportano invece informazioni circa il tempo, la metrica, la tonalità, gli strumenti

---

[25] Differentemente dal formato audio, la dimensione finale di un file MIDI è influenzata non solo dalla lunghezza del brano, ma anche dal numero di tracce cui questo è composto.

utilizzati, l'altezza, la durata e l'intensità delle note e diversi altri parametri) ma una volta interpretati dal sintetizzatore diverranno udibili.

Volendo fare un paragone con l'informatica *web-oriented*, si potrebbe dire che il criterio di funzionamento del MIDI è simile a quello del codice HTML: ovvero è un codice di programmazione interpretato che memorizza al suo interno solo cosa fare con i dati, ma lascia al compilatore (che nel caso dell'HTML è il motore del *browser* e nel caso del MIDI è il sintetizzatore) il compito di interpretarli. Lo svantaggio che potrebbe derivare è che alcuni dati (non quelli fondamentali come ad esempio l'altezza e la durata dei suoni) potrebbero essere interpretati in un modo, ma gli stessi potrebbero essere anche decodificati in un altro, o proprio non analizzati.

Nel MIDI la funzione interpretativa dei dati, che produce il *rendering* audio[26] in tempo reale, spetta ai dispositivi di sintesi (detti sintetizzatori o anche *synth*, abbreviando il corrispondente termine inglese *synthesizer*).

Questi sintetizzatori creano quindi il suono in modo artificiale, leggendo le informazioni MIDI (provenienti da uno SMF o da una *Master Keyboard*) e inviandole poi, una volta associate al giusto "canale[27] timbrico" e utilizzando i suoni presenti nelle

---

[26] Cfr. Enrico Paita, 1997, cap.10.

[27] I canali MIDI posso essere paragonati ai canali televisivi: se ad esempio si imposta il televisore sul canale 8 riceveranno tutti i programmi diffusi su quel canale, così come li ricevereanno tutte le persone sintonizzate sullo stesso canale. Il MIDI utilizza al massimo 16 canali, in ognuno dei quali, come la televisione trasmette un solo programma alla volta, trasmette un solo messaggio. Ognuno di questi canali

rispettive librerie, ai dispositivi di monitoraggio audio (solitamente monitor *Nearfield*^{TM28}).

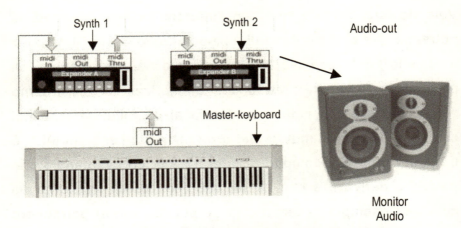

Synth 1   Synth 2   Audio-out

Master-keyboard

Monitor Audio

Esempio di collegamento logico tra due sintetizzatori esterni,
una *Master Keyboard* e *monitor audio*

Ogni sistema di sintesi ha una sua libreria di suoni (artificiale o di suoni reali), essendo il sintetizzatore responsabile della conversione tra i dati MIDI ed il successivo *rendering* audio in tempo reale, il risultato sonoro finale che giungerà dai *monitor* audio sarà totalmente influenzato (in meglio o in modo peggiore) dal tipo di sintetizzatore.

La qualità del file musicale riprodotto in questo formato è quindi data dalle caratteristiche dei banchi di suono presenti

---

può trasmettere una determinata informazione che sarà ricevuta solo da un altro dispositivo "sintonizzato" su quel canale.

[28] Monitoraggio audio a campo ravvicinato. Sono particolari "casse audio" nate per garantire e verificare, in fase di missaggio, che un audio venga poi correttamente riprodotto anche in un impianto d'ascolto domestico, quindi non professionale.

all'interno dei vari sintetizzatori. Questi banchi possono essere creati con due procedimenti differenti: il primo utilizza suoni creati artificialmente (detta sintesi FM), il secondo si basa sul campionamento (in inglese *sampling*) delle note eseguite su strumenti reali e poi convertite in formato audio (detta sintesi *wavetable*).

È dunque scontato che la prima sintesi avrà un livello di concretizzazione del suono notevolmente inferiore se messa in paragone con la sintesi basata su suoni reali; questo spiega inoltre perché spesso il MIDI è da tutti indicato come un formato di bassa qualità. Questo non è vero: di per sé la sua qualità varia e dipende dall'interprete dei suoi dati. Se questo è un classico sintetizzatore all'interno di una scheda audio di normale qualità (quindi bassa per l'uso prettamente musicale), il suono riprodotto non sarà dei migliori; Se invece il file verrà riprodotto da un sintetizzatore audio, magari basato su sintesi *wavetable*, potrebbe essere quasi del tutto simile al suono reale di uno strumento acustico (il riferimento riguarda la sola timbrica degli strumenti, non l'esecuzione su di uno strumento reale; tutto ciò infatti gioca ovviamente a sfavore del MIDI che non permetterà mai le infinite sfumature tecniche di un'esecuzione umana su di uno strumento reale e nemmeno quelle di un file in formato audio).

3. Storia della Virtual Studio Tecnology e dei Virtual Instruments

Il MIDI, non essendo stato progettato per avere un'elevata qualità sonora è sempre stato utilizzato con fini musicali di sola gestione ed organizzazione di una *performance* o registrazione musicale. Questo protocollo è si uno strumento estremamente potente, ma al tempo stesso poco musicale per le sue limitatezze timbriche, troppo lampanti se confrontate con degli strumenti acustici reali.

Sfruttando le potenzialità del MIDI e affiancando una nuova tecnologia dal nome *Virtual Studio Tecnology* (VST), nel 1996, la casa produttrice *Steinberg* presenta la nuova versione del suo famoso *sequencer Cubase* (allora alla versione 3.5 e nel novembre 2006 giunto alla nona versione, denominata *Cubase 4*[29]), il primo software *sequencer* compatibile con questa nuova tecnica. Brevettata dalla stessa casa, permetteva già l'utilizzo di *Plug–in*[30] di

---

[29] Il sito ufficiale di Cubase (http://www.steinberg.net) riporta solamente indicazioni sulle ultime due versioni del software (Cubase Sx3 e Cubase 4), per maggiori informazioni su tutte le varie versioni è possibile però visitare il sito non ufficiale http://en.wikipedia.org/wiki/Steinberg_Cubase#Versions (in inglese), che riporta una *road map* piuttosto attendibile.

[30] Letteralmente "attaccare", "collegare". Identifica un software aggiuntivo che consente di aggiungere nuove o più potenti funzioni al software principale cui si collega. Cfr. cap. 4.2.3 del testo.

Nei programmi di grafica, ad esempio, i *plug–in* possono consentire l'uso di

effetti e di lavorarci in tempo reale (il tutto già su 32 tracce stereo). La fondamentale scoperta degli sviluppatori tedeschi di *Steinberg* ha reso possibile la contemporanea gestione di diverse tracce in modalità *Full–Duplex*[31], risolvendo il problema della latenza[32] (in entrata ed in uscita) che fino ad allora aveva reso impossibile una simile caratteristica.

Il compito di svolgere questa funzione viene affidato ad uno specifico *driver*[33], denominato *ASIO*[34] sempre sviluppato da *Steinberg* e oggi arrivato alla versione 2.0.

Sempre da *Steinberg*, nel 1999, arriva l'ancora più rivoluzionaria tecnologia *Virtual Studio Tecnology Instruments* (*VSTi*, più comunemente chiamata *Virtual Instruments* o *Virtual Synth*). Le novità apportate da questa nuova tecnologia hanno completamente cambiato il mondo della musica digitale, soprattutto di quella acustica. Quest'ultima è stata infatti quasi raggiunta qualitativamente, tanto che diverse produzioni cinematografiche, ma anche discografiche, hanno deciso di adottare l'ausilio degli

---

determinate periferiche, oppure l'esecuzione sull'immagine di effetti e di elaborazioni, di applicazioni di filtri etc.

[31] "Indica la capacità della scheda audio di utilizzare i canali di I/O simultaneamente. Per esempio, si può effettuare una registrazione su una traccia mentre è in riproduzione l'audio registrato sulle altre tracce" – Pier Calderan e Luca Barbieri, 2004, Glossario p. 369.

[32] "Lasso di tempo che intercorre tra la richiesta di un'operazione e la sua esecuzione" – Pier Calderan e Luca Barbieri, 2004, Glossario p. 369.

[33] I *driver* sono l'insieme di procedure (software) che permettono al sistema operativo di riconoscere e governare un dispositivo hardware, nello specifico i *driver* ASIO si occupano di far pilotare correttamente la scheda audio.

[34] Acronimo di *Audio Streaming Input Output*.

strumenti virtuali per le loro produzioni, miscelandolo, o addirittura eliminadolo, con le esecuzioni su strumenti reali.

L'introduzione dei *VSTi* ha praticamente rivoluzionato il modo di concepire concretamente un brano di musica, sia per gli studi di registrazione (anche i più professionali), per gli amatori di tutto il mondo[35]. Questa tecnologia permette di avere ai propri comandi qualsiasi tipo di strumento musicale, anche non possedendo fisicamente né lo strumento né lo strumentista capace di suonarlo e quindi anche non conoscendone la tecnica esecutiva (ovviamente, l'approfondita conoscenza delle singole capacità esecutive delle varie famiglie strumentali permette a chi si cimenta con questa funzionalità di raggiungere comunque risultati migliori).

Da questo punto della storia in avanti anche le tracce MIDI possono venire indirizzate ai *Virtual Instruments* interni, o esterni, e essere gestite, nel *Bus*[36] audio, come con le tradizionali tracce audio. Il risultato è un'estrema semplicità d'integrazione tra i due differenti tipi di tracce (audio e MIDI), che è ora possibile trattare alla stessa stregua.

Il risultati sonori che questa tecnologia comporta sono credibilmente

---

[35] Anche grazie alla la relativa riduzione di costi, i *VSTi* hanno permesso a chiunque di allestirsi un piccolo studio di registrazione nella propria abitazione, avendo a propria disposizione inoltre unità di effetti in versione software, che una volta richiedevano l'acquisto di costosi *rack* audio e che oggi, sotto forma di programma, è possibile anche facilmente aggiornare all'ultima versione più performante.

[36] È la connessione utilizzata per i segnali (sia *Input* e in *Output*) del *mixer*. Ad esempio: un *bus* di ingresso usato in registrazione, un *bus* di uscita usato per la riproduzione, un *bus* usato per la mandata (*Send*) del segnale degli effetti.

simili a quelli degli strumenti tradizionali, in alcuni casi, se realizzati da veri professionisti e con determinate famiglie di strumenti (ad esempio "tappeti d'archi"), del tutto indistinguibili, se confrontati con la loro controparte eseguita su strumenti analoghi ma reali.

3.1 Le funzioni dei VSTi

Altro compito di questa tecnologia è portare un termine di guadagno, sia dal punto di vista economico, ma anche dal punto di vista della semplicità e rapidità del lavoro da svolgere.

Il vantaggio economico a cui porta l'adozione di questo processo realizzativo è forse il più immediato da comprendere. Come detto nell'introduzione, il campo di studio di cui si occuperà il libro, sarà esclusivamente riferito al mondo classico; prendiamo dunque in esempio la formazione tipica di un'orchestra sinfonica[37] (le cui caratteristiche di organico e disposizione spaziale si sono presumibilmente stabilizzate dopo la fine del primo conflitto mondiale), che prevede la presenza di un numero di orchestrali che può variare da ottanta fino anche ad arrivare a cento elementi circa (senza contare la variante in cui è presente anche il coro), risulta immediatamente lampante quanto questo tipo di struttura

---

[37] La formazione classica di un'orchestra professionale dal '900 in avanti si è assestata secondo la seguente suddivisione in quattro famiglie di strumenti: archi (18 primi violini, 16 secondi violini, 12 viole, 10 violoncelli, 8 contrabbassi), fiati (3 flauti, 1 piccolo, 3 oboi, 1 corno inglese, 3 clarinetti, 1 clarinetto basso, 3 fagotti e un controfagotto), ottoni (6 corni inglesi, 4 trombe, 4 tromboni, 1 tuba), e percussioni (arpa, timpani, cassa, rullante e percussioni ausiliarie).

necessiterà di un attento e duraturo lavoro di coordinamento, che si aggiunge ovviamente anche ai costi degli orchestrali.

Lo stesso processo, ma pensato attraverso una concezione informatica, attraverso quindi un lavoro di orchestrazione virtuale, permette invece un risparmio in termini di: economicità, tempo, qualità e versatilità.

Analizziamo singolarmente le migliorie in caso d'adozione di un criterio realizzativo attraverso un processo di virtualizzazione:

- **economicità**: permette al committente di risparmiare sui costi vivi dell'orchestra, ovvero retribuzione degli orchestrali e direttore, affitto della sala prove (quando non disponibile), retribuzione tecnici audio per la registrazione multitraccia degli strumenti, retribuzione degli addetti al trasporto degli strumenti e in alcuni casi dell'affitto degli stessi (ad esempio del pianoforte a coda)

- **tempo:** allestire una sessione di registrazione, in generale, richiede una notevole quantità di tempo, suddiviso tra prove a sezioni, prove al completo, posizionamento corretto della microfonatura (compresa ad esempio l'equalizzazione delle varie sezioni e della formazione generale, la spazializzazione in campo stereofonico e di profondità dei vari strumenti). L'utilizzo di programmi e librerie specifiche con suoni orchestrali permette, invece, di iniziare il lavoro immediatamente, senza preoccuparsi di alcuno dei precedenti problemi; infatti non sono richieste ovviamente: le prove (si può dire che verrà fatto tutto a prima vista, per usare un linguaggio tipicamente strumentale), la microfonatura (che trarrà un vantaggio illustrato nella successivo punto "versatilità") e la spazializzazione del suono (le attuali librerie di suoni, ma anche gli stessi programmi notazionali, hanno al loro interno già memorizzate le disposizioni spaziali tradizionali degli strumenti nell'orchestra classica, come ad esempio il violini "sulla sinistra" ed i violoncelli "sulla destra").

- **qualità:** una volta allestita tecnicamente e registrata anche una buona esecuzione non è detto che venga poi restituita allo stesso modo una volta elaborata ed incisa. Nel processo di registrazione e nei successivi di equalizzazione e masterizzazione[38] di un brano, la natura sonora può essere anche sconvolta, ma può, in base all'abilità dei tecnici, addirittura sopperire a errori commessi in fase di registrazione (ad esempio: scorretto posizionamento dei

---

[38] Il termine masterizzazione, in italiano, assume un significato ambivalente, che nulla ha a che fare con il procedimento di scrittura o di copia di dati su CD o DVD rom. Il termine inglese, da cui è stato impropriamente tradotto è "mastering", il cui significato, nella produzione musicale indica l'ultimo intervento a cui viene sottoposto il suono registrato. Questo non semplice processo (confermato dal fatto che ad esempio nel mondo esistono diversi importanti studi di registrazione dediti solo a questa fase del processo realizzativo), consiste in una serie di operazione di modellazione del suono complessivo, come per esempio l'applicare una leggera compressione, o *chorus*, al mixaggio finale prima che questo venga riversato sul CD *master*.

microfoni, equalizzazione errata etc.).

- **versatilità:** come preannunciato precedentemente, questo nuovo modo di operare permette di raggiungere un'elasticità lavorativa e procedurale inimmaginabile se paragonata alla precedente forma tradizionale (come d'altronde permette in tutti i campi in cui si sfruttano le potenzialità informatiche). Ad esempio, in merito alla microfonatura degli strumenti, attraverso *plug–in* specifici che simulano le caratteristiche e capacità di registrazione, è possibile, in qualsiasi momento della produzione, cambiare sia le caratteristiche tecniche del microfono simulato, come il suo posizionamento tridimensionale rispetto alla sorgente da cui provengono i suoni (illustrazioni successive). La scelta di una determinata disposizione del microfono, insieme a diversi altri articolati fattori, varia notevolmente il risultato sonoro finale di un'incisione.

Per uno strumento come il saxofono, ad esempio, ma anche per altri strumenti a fiato a lui simili, un posizionamento del microfono, come in immagine n° 3, produrrà un ripresa in cui frequenze gravi dello strumento verranno arricchite, ma al contempo anche delle frequenze più acute, poiché dalla campana dello strumento fuoriescono tutti i suoni da lui prodotti. Inoltre, vista anche la vicinanza al bocchino del saxofono, il suono risulterà molto brillante e vivace.

Ponendo invece il microfono come in immagine n° 4, ovvero all'altezza dei tasti e a 90° rispetto al piano del bocchino, il suono risulterà molto più dolce e morbido oltre che un po' meno definito. In questo tipo di scelta infine, risulteranno maggiormente evidenti all'udito i rumori che la meccanica di questi strumenti produce quando vengono azionati i tasti dalle dita del musicista.

Alcuni possibili posizionamenti di riprese microfoniche

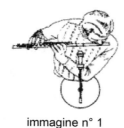 

immagine n° 1   immagine n° 2

Flauto traverso

immagine n° 3   immagine n° 4

Saxofono

La scelta dell'utilizzo della tecnologia dei *Virtual*

Instruments porta con se diverse ed articolate variazioni, sia sul modo di procedere, sia sul risultato finale ovviamente. I risultati che comporta sono sia positivi (maggiormente) sia negativi (a seconda dell'ambito cui il compositore vuole lavorare).

Verranno qui di seguito illustrati i ruoli che la tecnologia *VST* può assumere.

3.1.1 Vicariale

È la più lampante, evidente anche agli occhi del profano o del semplice appassionato (da qui anche il suo successo in ambito non professionale). Il corretto utilizzo degli strumenti virtuali, sommato alla conoscenza teorica strumentale e compositiva, può portare alla totale sostituzione degli strumenti acustici[39], una sorta di *avatar* musicale, che non solo rappresenta la controparte materiale, ma la eguaglia grazie all'elevato livello di verosimiglianza raggiungibile con la corretta programmazione dei *VSTi*.

Il ruolo del compositore deve quindi evolversi, anche in ambito prettamente tecnico/informatico: se nella musica tradizionale è l'interprete a tradurre in suono ciò che l'autore ha notato sul pentagramma mediante un linguaggio grafico–simbolico, l'orchestratore virtuale deve svolgere anche un compito operativo, simile a quello del direttore d'orchestra per "il suono generale", ma che richiede anche un lavoro sulla

---

[39] Cfr. rappresentazione grafica a pagina 40.

parte esecutiva.

Ogni spartito non può offrire molte indicazioni circa l'esecuzione dei testi; su di esso l'autore può indicare diversi parametri (tonalità, metrica, intonazione e durata delle note, respiri e legature di frase, etc.), ma certi elementi stilistici e certi gesti esecutivi sono presenti grazie solo alla concretizzazione sonora della partitura ad opera dello strumentista. Questa porzione di lavoro è ora ad opera dell'orchestratore virtuale che, come si vedrà nel capitolo dedicato all'umanizzazione delle *performance*, dovrà, dunque, conoscere oltre che le potenzialità della tecnologia informatica attinente, anche le caratteristiche tecniche ed espressive dei vari strumenti per cui scriverà, che erano altamente consigliati anche in caso di composizione non assistita, ma che qui si fanno obbligatoriamente necessari.

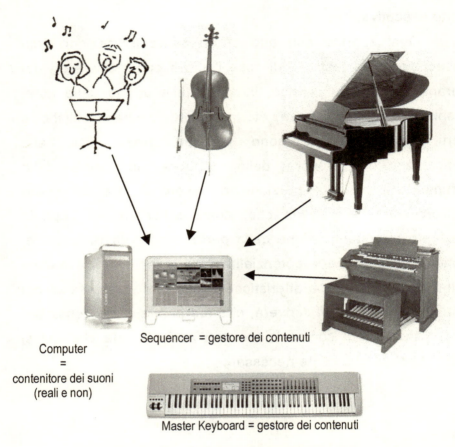

Computer
=
contenitore dei suoni
(reali e non)

Sequencer = gestore dei contenuti

Master Keyboard = gestore dei contenuti

Esempio grafico di funzione vicariale degli strumenti virtuali

3.1.2 Incrementale

L'adozione di un approccio lavorativo, basato sulla digitalizzazione, a prescindere dall'utilizzo o meno dei *VSTi*, comporta per il suo fruitore indubbi e differenti vantaggi in termini di economicità, versatilità e di tempo risparmiato.

Come in qualsiasi software tradizionale, la possibilità di

"copiare", "tagliare" e poi "incollare" un'informazione è anche qui una importante funzionalità assai utile e da sfruttare, per rendere anche le operazioni più complesse più immediate oltre che veloci.

Per comprendere meglio le funzionalità, si illustreranno tre diversi esempi pratici esplicativi:

1) Utilizzando un software notazionale, sfruttando le tradizionali funzioni di copia e incolla più quelle di trasposizione[40], è possibile in qualche istante (o per lo meno dovrebbe esserlo su qualsiasi programma ben concepito) creare, ad esempio, dal tema[41] principale (in tonica[42]) la risposta nella tonalità della sua dominante[43]. Si prenda ad esempio la forma della Fuga[44] al cui tema (soggetto), dopo essere stato esposto,

---

[40] Pratica musicale mediante la quale una parte (melodica o armonica) viene "riscritta" sia alcuni toni o semitoni sopra o sotto il "punto di partenza" (detto tono d'impianto), o in una tonalità differente.

[41] Idea musicale, possibile di sviluppi e elaborazioni, avente una particolare funzione in una composizione. Es. tema principale, tema secondario (nella forma sonata), soggetto (nella fuga).

[42] "termine indicante la prima nota (grado) di una scala maggiore o minore del sistema tonale [...] determina la tonalità del brano stesso" L'universale, p. 905.

[43] La dominante in musica è quella nota che si trova ad un intervallo di 7 semitoni (ovvero 3 toni e mezzo) rispetto la "nota di partenza" (detta tonica).

[44] La fuga è un movimento polifonico di un dato numero di voci nelle quali un tema (detto soggetto) viene esposto ad ogni voce (in una iniziale relazione tonica/dominante) e sviluppato, in seguito, secondo determinate regole quasi matematiche (tecniche del contrappunto).

risponde un controsoggetto (risposta reale); tale procedimento è altamente automatizzato se supportato da un software notazionale[45]. Si veda il semplice esempio pratico illustrato graficamente qui di seguito:

Tratto da "Prima Fuga" – Compositore Salvatore Livecchi, non edito, 2005

Selezione e copia del tema della fuga (soggetto)

Incollamento del "soggetto"

Trasposizione del "soggetto" (ora "risposta reale")

In questo esempio il soggetto della fuga era di sole due battute, ma si pensi ai vantaggi di tempo quanto

---

[45] Per software notazionale si intendono quei programmi in grado di far scrivere e gestire all'utente spartiti musicali (verranno illustrati nel cap. 4.2.1 del testo).

questo è di otto o anche sedici battute e quanto poi si muove ancora nei diversi registri o strumenti; non dimenticando anche l'ausilio tramite cui si ricava, pressoché automaticamente, la risposta reale.

2) Le regole classiche del contrappunto vietano esplicitamente che si creino, soprattutto tra le note estreme di una armonizzazione, intervalli melodici di quinta e di ottava (Fig. 4).
Questo comporta, da parte del compositore (sempre che quest'ultimo reputi necessario vincolarsi anche in fase creativa alle regole accademiche), un'attenta analisi dei singoli movimenti delle parti, onde non cadere in errore.
L'utilizzo di un *plug–in* specifico[46], invece, permette di far analizzare al software i movimenti melodici di una determinata porzione di spartito, per poi segnalare, in caso di presenza, i moti nei vari registri che producono intervalli di quinta o ottava parallela.

---

[46] Presente ad esempio nel software notazione Sibelius (sito ufficiale http://www.sibelius.com).

Fig. 4 - Esempio d'ottava e quinta parallela

3) In special modo per gli archi, le tecniche strumentali esecutive possibili (che si illustreranno nella seconda parte del libro), sono molteplici e, quasi tutte, simulabili attraverso la tecnologia dei *Virtual Instruments*. Gestire completamente queste articolazioni è complesso, qualsiasi sia la condotta compositiva che si vorrà adottare per lavorare, che sia tradizionale o tramite supporto informatico.

Adottare quest'ultima procedura permette però all'orchestratore virtuale di verificare in pochi istanti un risultato sonoro che risulterà molto simile a quello finale.

Queste modifiche per il creatore di musica spesso vanno immaginate sino alla prima del brano: nessuno potrebbe infatti permettersi un'intera orchestra solo per vagliare i possibili impasti timbrici ed armonici degli strumenti reali. Utilizzare un *sequencer* e delle librerie di suoni adatte permette invece, al compositore informatizzato, di ascoltare, se non il risultato reale di una determina scelta espressiva, un'anteprima assai verosimile di quello che sarà il prodotto sonoro conclusivo. Programmare un processo di questo tipo su di un *sequencer* non richiedere elevate conoscenze: è possibile infatti ad esempio far variare l'intera orchestra da un *legato*[47] ad un *pizzicato*[48] attraverso una procedura quasi guidata, che permette di giungere al risultato richiesto tramite qualche *click* di *mouse*.

3.1.3 *Decrementale*

Soprattutto nel corso del Novecento, il linguaggio musicale ha visto nascere diverse tecniche esecutive[49] che presentano alcune difficoltà ad essere sia rappresentate che interpretate, soprattutto se il linguaggio notazionale ed esecutivo utilizzato è quello dell'usuale linguaggio musicale occidentale.

Allo stesso modo, della stessa mancanza, soffrono le tecnologie di informatica musicale. Queste ultime, essendo basate quasi esclusivamente sul protocollo MIDI, che a sua volta in fase progettuale era stato pensato anche per far coincidere

---

[47] Cfr. cap. 5 del testo.

[48] Cfr. cap. 5 del testo.

[49] Si pensi ad esempio alla tecnica dei suoni multifonici possibile per gli strumenti a fiato.

rappresentazioni notazionali classiche con eventi corrispondenti ma convertiti in linguaggio macchina, non permettono di utilizzare particolari articolazioni tecnico–espressive che non siano state catalogate come degli "*standard* esecutivi" su un determinato strumento.

Questa "lacuna", tuttavia, però non turba molto i compositori che utilizzano la composizione assistita, poiché il loro fine è essenzialmente quello di ricreare artificialmente una situazione ambientale e strumentale di tipo tradizionale, che quindi non richiede di addentrarsi in ambiti sperimentali. Questi ultimi poi, non sono stati presi in considerazione dagli sviluppatori informatico–musicali[50] per questioni legate alla complessità realizzativa di un simile processo. Poiché, attualmente, in ambito compositivo sperimentale, la prassi che il compositore adotta con maggior frequenza è un lavoro strutturato in altro modo, che prevede un'attività in parallelo tra lo sviluppo del brano e la collaborazione diretta con gli strumentisti che lo andranno ad interpretare, mescolando le rispettive conoscenze (compositive dell'autore del brano e tecnico–strumentali del musicista), si dà vita ad una fusione creativa ben diversa da quella derivante dal lavoro supportato esclusivamente da un elaboratore.

---

[50] Perlomeno per quanto riguarda quei software e *plug–in* non espressamente concepiti per svolgere funzioni notazionali.

4. L'hardware ed il software per l'orchestrazione

In passato per registrare musica si utilizzavano supporti magnetici. Oggi, la tecnologia si è ovviamente evoluta, passando dai supporti analogici a quelli digitali, ovvero la tecnica comunemente detta dell'*Hard Disk Recording.*

La tecnica sfrutta, infatti, la memoria centrale dei computer per immagazzinare, una volta convertite da analogiche a digitali, le informazioni sull'audio, che poi potrà manipolare e gestire all'infinito, senza mai alcuna perdita di qualità.

L'approccio realizzativo delle nuove interfacce di gestione dei controlli e delle procedure è basato quasi esclusivamente sulla ricostruzione virtuale delle GUI (*Graphical User Interface*) atte a simulare l'hardware, oltre che visivamente, anche operativamente. È il caso ad esempio dei *mixer* presenti nei *sequencer* (Fig. 5), che sono composti tra l'altro, come nella realtà, da *fader* per gestire le variazioni di volume.

Fig. 5 - Il *mixer* di Cubase 4 (evidenziato un *fader*)

Sul mercato, il caso più emblematico di questa strutturazione è il *sequencer* della Propellerhead Reason[51]. Questo software è rappresentato (Fig. 6) nella parte inferiore da una classica area utilizzata per gestire le tracce ed il loro contenuto, ma nella parte superiore della GUI sono presenti le riproduzioni di veri e proprio *rack* virtuali, all'interno dei quali poter "caricare" le varie librerie di suoni o *loop*. Per rendere ancora più concreta la gestione del *routing* del segnale, il programma permette infine all'utente di attaccare e staccare dei veri e propri cavi virtuali.

---

[51] Più propriamente, Reason è un *sequencer* particolare detto "*sequencer groove maker*".

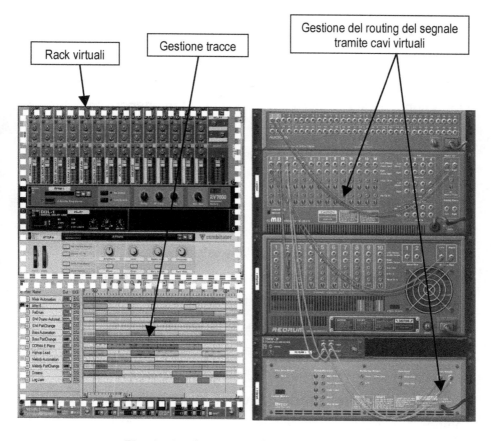

Fig. 6 - La GUI del *sequencer* Reason 3
("fronte" e "retro" dell'interfaccia)

Le modalità di registrazione, le tecniche di *mixing*[52] e *mastering*, le operazioni di *editing* come "taglia", "copia" ed "incolla" vengono ora rese, dalla conversione in digitale e dagli appositi software dedicati, delle semplici procedure, sempre annullabili o modificabili anche

---

[52] La traduzione letterale, poco usata, sarebbe "missaggio". Sia in studio sia dal vivo, si intende la capacità di miscelare, equalizzare, ottimizzare gli impasti sonori provenienti da diversi strumenti in precedenza aquisiti su di un supporto (o analogico o digitale) multitraccia.

solo in parte, in qualsiasi istante del processo creativo.

Come per il MIDI poi, a differenza delle tecniche analogiche, questi procedimenti non hanno alcun carattere distruttivo dell'audio: permettono, infatti, ogni tipo di *editing*, mantenendo immutata la qualità del suono digitale.

Inoltre, da un certo punto di vista, tali tecniche permettono altresì una maggiore sperimentazione (anche in ambito classico) sul risultato sonoro conclusivo.

La possibilità di usufruire delle attuali tecnologie informatiche dedicate alla musica richiede però da parte dell'utente interessato un investimento economico sulla scelta dell'hardware e del software per la creazione della propria stazione di composizione assistita.

I risultati ottenibili, come già detto, raggiungono ormai elevati livelli dal punto di vista della qualità dell'audio e, sempre sottolineando la necessità di avere anche altre competenze[53] oltre a quelle compositive, della *performance* esecutiva.

Per poter sfruttare al meglio questi mezzi, la scelta e la

---

[53] Oltre alla figura professionale del compositore, chi si cimenta nell'orchestrazione virtuale dovrebbe racchiudere in sé anche altre figure qualificate, ovvero quella del programmatore MIDI e quella del buon conoscitore dei fondamenti dell'ingegneria del suono, quindi avere familiarità con l'acustica, la psicoacustica, l'elettroacustica, l'elettronica (analogica e digitale), la fonia, l'elaborazione digitale del suono, le tecniche di sintesi e di campionamento, i sistemi di spazializzazione del suono in ambiente reale e virtuale...

Sono inoltre richieste conoscenze di prassi strumentale, organologia, storia e stili della musica e filologia strumentale.

configurazione del software e dell'hardware deve rispettare alcuni fondamentali accorgimenti tecnici:

√ la scelta di periferiche e componenti adatte a questi scopi (anche non per forza espressamente dedicate, ma con determinate caratteristiche)
√ la corretta configurazione e concatenazione dell'hardware
√ la corretta configurazione del sistema operativo e dei software prescelti dall'utente

Poiché non si può illustrare, nemmeno in un'opera più vasta, tutto ciò che il mercato propone agli utenti per tutti questi compiti, verranno di seguito descritti alcuni possibili collegamenti logici tra *hardware* e *software* di medio costo e dunque di medie possibilità[54].

4.1 Scelta e configurazione dell'hardware

Come già illustrato nel capitolo dedicato al MIDI, una delle qualità fondanti il successo del protocollo è la sua estrema espansibilità, raggiunta tramite la piena compatibilità tra diverse periferiche dedicate alla musica.

Questa natura si riflette direttamente sulla postazione dedicata a concepire musica (detta *D.A.W. – Digital Audio Workstation*) che, sfruttando le infinite possibilità combinatorie della componentistica,

---

[54] Oggi, questo non preclude ad ogni modo di giungere a risultati finali di qualità semi–professionale.

potrebbe produrre almeno altrettanti risultati differenti.

Tutto questo è sicuramente un pregio, lascia infatti all'utente un infinito spettro di personalizzazioni; ma, per contro, potrebbe spaventare alcuni utenti o, in caso di scorretta concatenazione, portare la struttura software/hardware a non funzionare correttamente o perlomeno a non sfruttare appieno le reali risorse disponibili.

Esistono essenzialmente due fini cui può destinarsi una *DAW*:

1. la sola generazione sonora (di semplice concepimento - Fig. 7)

2. un sistema finalizzato alla creazione di un progetto musicale completo (il grado di difficoltà per la sua realizzazione può variare da un medio ad un alto livello di complessità)

Nel primo caso la *DAW* verrà utilizzata solo come un sintetizzatore o come un campionatore, usando esclusivamente dei *Virtual Instruments* installati all'interno del computer. Il secondo caso, quello che prenderà in considerazione questo libro, è sì più complesso da allestire, ma darà al compositore maggiore flessibilità e potenza, permettendogli di lavorare su tutti i parametri del suono (acquisizione ed *editing* dell'audio, effettistica, automazioni, etc.).

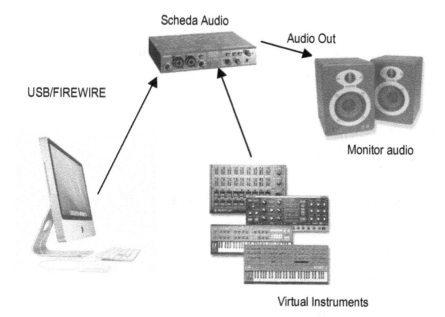

Scheda Audio

Audio Out

USB/FIREWIRE

Monitor audio

Virtual Instruments

Fig. 7 - Generazione sonora

4.1.1 Il computer

La scelta di una determinata piattaforma hardware su cui si andrà a lavorare è di primaria importanza. Partendo dal presupposto che in questo ambito sono fondamentali le prestazioni generali dell'intero sistema e che lavorare con l'audio in tempo reale richiede al sistema notevoli risorse, occorre riservare alla scelta della configurazione un certo studio preliminare, atto ad analizzare attentamente i compiti cui la *DAW* sarà dedicata.

La scelta preliminare che si pone ad ogni utente è il tipo di sistema su cui si vorrà lavorare. Fortunatamente, a differenza di tutte le altre componenti di una *DAW*, le opzioni che si presenteranno agli utenti, almeno al momento, sono soltanto due[55]:

- Personal Computer con sistema operativo Windows
- Apple Macintosh con sistema operativo OSX[56]

Nella tabella qui di seguito verranno elencati alcuni pregi e difetti delle due possibili opzioni:

---

[55] Esiste inoltre la possibilità di lavorare con *DAW* interamente dedicate alla composizione tramite ausilio del computer (ad esempio le postazioni progettatte dalle statunitensi VisionDAW – http://www.visiondaw.com – e la TrueSpec System di Peter Alexander – http://www.truespec.com –), causa l'elevato prezzo però sono utilizzate solo da grandi produzioni cinematografiche e difficilmente sono alla portata economica di singoli utenti.

[56] Per correttezza illustrativa bisogna affermare che in realtà le possibilità sarebbero tre, oltre le due prese in considerazione del testo, esiste anche un sistema (sia Pc che Apple) basato sul sistema operativo *open source* Linux. Nonostante, proprio in questo periodo, stiano uscendo diverse distribuzioni specifiche per la composizione e l'*editing* della musica, l'ambiente risulta ancora troppo allo stato embrionale, il che potrebbe creare dei problemi ad utenti non particolarmente ferrati sia sull'argomento sia sulla gestione delle piattaforme basate su Linux. Si rammenti infine, il problema di riconoscimento, causa il mancato rilascio dei *driver* specifici da parte delle case madri, delle schede audio dedicate all'informatica musicale.

Sistema	
Pc/Windows	**Mac/Osx**
pregi - ampia diffusione del sistema - maggiore conoscenza del sistema da parte dell'utente medio - prezzo meno elevato	- stabilità del sistema in generale - uso anche a livello professionale - buone prestazioni anche nei sistemi "entry-level"
difetti - minore affidabilità sistema - non ottima gestione risorse (anche se, in parte, migliorabile)	- poca diffusione del sistema (anche se in rapida espansione) - prezzo più elevato rispetto ai pc/windows (ma in discesa)

Le prestazioni globali di ogni computer (sia Mac che Pc) vanno commisurate alle caratteristiche dei vari componenti e alla loro corretta interazione. Il computer ed il software sono il cuore dell'orchestrazione MIDI, è quindi consigliabile creare una *DAW* fortemente equilibrata da tutti i punti di vista, piuttosto che puntare solo sulle caratteristiche prestazionali di alcuni componenti, poiché ogni porzione dell'insieme è attivamente coinvolta nella catena del processo di creazione sonora.

4.1.2 La scheda audio

La scheda audio (o *sound card*) è quella periferica, esterna od interna al computer, che gestisce l'audio. Le funzioni principali di cui si occupa la scheda audio sono[57]:

1) Input/Output dei vari segnali
2) Elaborazione dei dati (DSP[58])
3) Sintesi[59] (non necessariamente presente)

Sempre più spesso si trovano incorporate nella *motherboard* delle schede audio indicate come genericamente adatte per la musica e la multimedialità. Esse sono tali solo in parte: permettono infatti la sola riproduzione dell'audio e del MIDI; per lavorare su software dedicati alla composizione assistita queste periferiche sono per diversi motivi inadeguate.

Queste schede audio integrate non dispongono, infatti, degli opportuni ingressi ed uscite per l'acquisizione, l'ascolto ed il monitoraggio dell'audio. La loro qualità, del resto, è sufficiente soltanto ad eseguire i suoni di sistema ed i formati audio *MP3* o *CD–audio*.

Le prese, se disponibili, saranno di tipo *minijack*, quindi adatte

---

[57] Cfr. Vincenzo Lombardo e Andrea Valle, 2006, appendice A, *p.*449.

[58] *Digital Signal Processing* (elaborazione del segnale digitale), è quel processo che modifica il segnale sulla base di elaborazioni numeriche. Si utilizza ad esempio per applicare variazioni agli effetti.

[59] "Riguarda la capacità di una scheda di generare suoni tipicamente in relazione a messaggi di controllo MIDI.", Cfr. *ibidem*.

solamente per collegare "microfoni da *chat*" o piccole casse multimediali. Queste periferiche non sono dunque adatte al tipo di postazione che si vuole realizzare, ma per poter decidere quale altra scheda audio sia meglio utilizzare è necessario ricercare alcune caratteristiche nelle descrizioni della periferica:

- **Ingressi ed uscite audio:** servono per inviare e ricevere informazioni.

  Gli ingressi analogici di una scheda audio hanno il compito di convertire i segnali audio provenienti da una sorgente sonora esterna (microfoni, strumenti musicali etc.). Gli ingressi digitali ricevono invece i segnali provenienti da altre apparecchiature, come *mixer*, lettori CD etc.

  Le uscite analogiche servono al procedimento inverso, ovvero alla conversione delle informazioni audio da digitali ad analogiche, portando il **segnale dal software** ai *monitor* audio. Esistono anche delle uscite digitali (ma più rare perché recenti e dal costo più elevato) che possono essere collegate ad altre periferiche digitali senza richiedere una conversione Digitale/Analogico.

  A seconda del modello si potranno avere anche diverse decine di Input/Output, partendo dal modello base che avrà solo un ingresso ed una sola uscita. In base alle esigenze del compositore è necessario determinare quante di queste sia necessario disporre.

- **Full Duplex:** indica la capacità, da parte della scheda audio, di registrare nello stesso momento in cui si riproduce un audio. In sua mancanza tutta la *DAW* sarebbe inutilizzabile: mancherebbe infatti la caratteristica fondamentale per poter realizzare registrazioni multitraccia.

- **Latenza:** per latenza si intende il lasso di tempo che intercorre tra un segnale di *Input* ed il suo successivo di *Output*. La latenza, espressa in millisecondi (ms), minore sarà, migliore sarà il monitoraggio dell'audio.
  Mediamente, dal punto di vista psicoacustico, l'orecchio umano percepisce intervalli minimi di circa 10 ms, se il tempo di latenza sarà dunque "molto elevato", si percepirà distintamente un ritardo tra l'invio dei dati e la sua ricezione.
  Per ridurre al massimo la latenza, grazie a Steinberg, come già detto, è stato introdotto sul mercato uno specifico *driver* chiamato ASIO (*Audio Streaming Input Output*), che "ha l'intento di ottimizzare la trasmissione dati audio tra software e hardware"[60].
  Per rendere un'idea generale di quanto l'adozione di una scheda audio compatibile con lo *standard* ASIO apporti dei miglioramenti tangibili al problema latenza, basta osservare i dati della seguente tabella:

---

[60] Cfr. *ivi*, p.450.

scheda audio		
	compatibile con Driver ASIO	non compatibile con Driver ASIO
Tempo di latenza (in ms)	9–11[61]	800–900

Risulta dunque evidente come, per creare una *DAW*, sia obbligatoriamente necessaria la presenza di una scheda audio compatibile con lo *standard* ASIO, lavorare con gli 800 ms di latenza di una scheda audio non dedicata risulta improponibile per qualsiasi tipo di progetto.

Solitamente, una scheda audio concepita per creare e gestire questo tipo di informazioni, dà all'utente la possibilità di regolare il tempo di latenza in base alle differenti necessità, potendo agire sul parametro relativo alla grandezza del *buffer* (*buffer size*), espresso in numero di campioni.

Ad esempio:

---

[61] Le schede audio professionali compatibili con questa specifica possono raggiungere anche latenze di 2–3 ms.

Dimensione Buffer Size	Frequenza di campionamento	Tempo di latenza (medio)
128 campioni	44,1 kHz	~ 3,2 ms
128 campioni	48,0 kHz	~ 2,6 ms
128 campioni	96,1 kHz	~ 1,3 ms
512 campioni	44,1 kHz	~ 11,6 ms
512 campioni	48,0 kHz	~ 10,6 ms
512 campioni	96,1 kHz	~ 5,3 ms

Il rapporto tra l'unità di tempo (1 secondo) e la frequenza di campionamento (kHz) per il numero di campioni impostato dall'utente, restituisce il valore medio della latenza della scheda audio[62].

---

1 / freq. Campionamento x Buffer size = Tempo di latenza

4.1.3 La tastiera MIDI

La tastiera MIDI, o *Master Keyboard*, è una periferica esterna che permette all'utente di svolgere meglio e più rapidamente alcuni compiti. Per quanto riguarda gli *Score*

---

[62] Facendo una media tra la latenza in ingresso e quella in uscita.

Editor[63], ad esempio, essa permette l'inserimento degli accordi e delle melodie in tempo reale, suonando cioè le parti che, convertite automaticamente dal software in formato MIDI, creano dinamicamente il corrispondente spartito.

Per quanto riguarda *sequencer* e *virtual instrument*, l'apporto di una *Master Keyboard* (Fig. 8) è oramai di fondamentale importanza. Permanendo la stessa funzione di conversione in tempo reale di ogni evento eseguito sulla tastiera, la moderne *Master Keyboard* sono fornite di altri comandi, espressamente concepiti per creare particolare effetti tecnici.

Nella tabella qui di seguito se ne riassumono tra i più importanti:

	Descrizione funzione	Rappresentazione notazionale	Controller utilizzato
Legato	Simula il *legato strumentale* (ad es. quello tipico del violino)		Legato FootSwitch (DEC[64] 68)

---

[63] Con il termine *Score Editor* si indicano tutti quei software espressamente concepiti per svolgere il compito di scrittura ed impaginazione notazionale (ad es. Sibelius, Finale, Harmony Assistant etc.).

[64] DEC indica l'abbreviazione del termine decimale che, alternativamente all'HEX (esadecimale, in inglese *Hexadecimal*), rappresenta il relativo numero di protocollo

Pitch bend	Simula le variazioni di intonazione attraverso dei *glissandi* più o meno rapidi (ad es. quello tipico delle chitarre elettriche o semiacustiche)		Portamento time (DEC 5)
Sustain	Crea un sostegno ad ogni suono eseguito, ovvero simula il *pedale del legato* dei pianoforti, ma lo applica a qualsiasi *patch*[65] assegnata al canale		Damper pedal (DEC 64)
After Touch (tocco dopo)	Presente solo nelle *Master Keyboard* di ultima generazione, dà la possibilità all'utente di controllare (attraverso l'aumento o la diminuzione della pressione sui tasti) il		After Touch (DEC 208)

MIDI utilizzato.

[65] Il termine *patch*, in campo MIDI, indica il timbro di uno strumento. Il formato *standard* MIDI (GM *Level* 1) prevede una *Instrument Patch Map* di 128 differenti timbri, divisa in otto famiglie di strumenti, partedendo dalla numero 1, che simula il timbro di un pianoforte, fino ad arrivare alla 128, che simula l'effetto di uno sparo. Cfr. cap. 2.3 del testo.

	suono quando la nota è stata già eseguita (permette ad es. di iniziare una nota e poi solo ad un certo punto di iniziare a *crescere*, *diminuire*, *modulare*, *cambiare intonazione*, *vibrare*, *frullare* a seconda del comando MIDI assegnato alla funzione)		
Vibrato	Simula il *vibrato* tipico degli strumenti a corda		Modulation whell (DEC 1)
Dinami-ca	Simula, attraverso dei *fader*[66] o controlli rotativi, i cambi di dinamica, di posizione stereofonica, di quantità di effetti applicati ad una singola traccia o alla *traccia master* (ad es. la dinamica dal piano al forte)		Expression Controller (DEC 11)

---

[66] Potenziometro di tipo scorrevole utilizzato per controllare e regolare il livello di un segnale.

Fig. 8 - Una Master Keyboard programmabile, a 49 tasti,
con fader e controlli rotativi assegnabili

4.1.4 Il controller MIDI

La proliferazione continua, ed in crescita, dei *virtual intrument*
ha aumentato per gli utenti la necessità di controllo esterno dei
parametri dei *synth* tramite MIDI *controller* esterni. Questi parametri
possono essere gestiti anche tramite *mouse* ma meno agevolmente
e con minore precisione.

Inoltre, recenti superfici di controllo svolgono anche mansioni di
mixer, con diverse funzionalità di trasporto dai *sequencer* (come:
Start, Stop, Rec, Scrub, Locate etc.).

Sul mercato le interfacce di controllo MIDI (Fig. 9) più diffuse sono
quelle che riproducono la tastiera di un pianoforte o i *fader* ed i
controlli rotativi di un *mixer*; esistono però diversi altri hardware in
grado di creare e gestire eventi MIDI, come batterie elettroniche,
chitarre con *pick–up* MIDI, strumenti a fiato MIDI (*Breath Controller*)
etc.

Fig. 9 – Esempi di controller MIDI

**Due controller MIDI programmabili,
con *fader*, *controller* rotativi e *tap–pad***

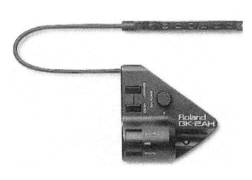 

Pick–up MIDI esafonico per chitarra

Batteria Elettronica a *Pad* e
Expander MIDI

Breath controller MIDI   **Pedaliera MIDI tipo organo stativo**

4.1.5 Setup Chart DAW

Come illustrato in precedenza, gli strumenti informatici di supporto alla composizione sono mezzi potenti anche per la loro versatilità. Ogni utente può crearsi interamente la sua catena hardware e software personalizzata. Seguendo, ovviamente, le regole di questo tipo di reti è possibile creare un'infinità di combinazioni anche collegando in differenti modi le stesse periferiche o software.

Sono ormai stabilizzati però dei collegamenti logici *standard*, da cui ogni nuovo utente è solito iniziare, per poi, una volta acquisita una certa dimestichezza con questa tecnologia, cominciare a studiare nuove connessioni sempre più complesse, che dovrebbero comportare una maggiore potenza generale della struttura realizzata.

Per realizzare una *setup chart*[67] è opportuno però riflettere preventivamente sull'architettura dello studio che si andrà a realizzare, *in primis* sarà quindi utile tracciare uno schema preciso di tutta la serie di connessioni. Ogni componente poi dovrebbe portare con sé l'indicazione degli ingressi e delle uscite principali che possiede. Queste poi dovranno essere rappresentate differentemente a seconda che trasportino dati MIDI o audio.

Qui di seguito verrà illustrato un esempio di una possibile *setup chart*[68] (Fig. 10).

---

[67] Per *setup chart* si intende lo schema preventivo di organizzazione di tutti i collegamenti tra le varie periferiche ed l'hardware presente.

[68] Le combinazioni possibili sono quasi infinite, quella illustrata è tra le più funzionali quindi tra le più diffuse.

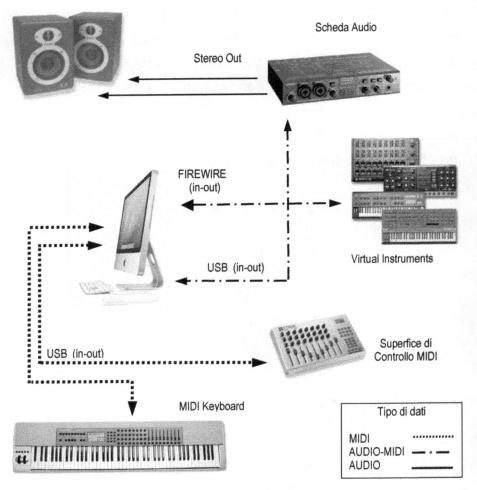

Fig. 10 – Daw setup chart

Nella configurazione appena rappresentata, sono stati collegati alla *DAW*, tramite tecnologia USB, due *controller* MIDI (*MIDI Keyboard* e superficie di controllo con *fader* e *controller rotativi*). Tramite invece collegamento Firewire (400 o 800) o USB (il primo è da considerarsi il migliore perché, avendo una banda passante maggiore e sempre costante, gestisce al meglio il flusso di dati MIDI ed audio), si è poi collegata la scheda audio al computer. All'interno di quest'ultimo poi sono installati, oltre che il *sequencer*, anche diversi VSTi che saranno da lui gestiti e comandati dai due *controller* MIDI. Infine, dalle uscite (*Out*) della scheda audio, tutti i dati trasformati in audio, verranno trasportati su due cavi (uno per il canale destro, l'altro per il sinistro) ai *monitor* audio che li riprodurranno e li renderanno udibili al nostro orecchio.

4.2 Scelta ed utilizzo del software

Come avviene per le periferiche hardware, anche il mercato dei software offre all'utente diverse e tutte accreditate scelte possibili, alcune, grazie alla compatibilità ibrida, possono anche prescindere dalla piattaforma (PC o Mac) sui cui si andrà a lavorare.

I tipi di software che si possono presentare all'utente sono essenzialmente quattro, ovvero:

a. Software notazionale (*Score Editor*)
b. Software *sequencer* (*Audio Editor*)
c. Software VSTi[69]
d. Software *Loop sequencer*[70] (che, per le tematiche

---

[69] Cfr. cap. 3.2.3 del testo.

classiche di questo testo, non verrà preso in considerazione)

Secondo il tipo attività da svolgere, è possibile fare una scelta oculata dei software che meglio si adattano alle esigenze o alle caratteristiche compositive del musicista.

4.2.1 Notazionale (Score Editor)

Tutti quei programmi che sono espressamente dedicati alla composizione musicale tramite l'immissione diretta dei simboli di notazione vengono comunemente indicati come software notazionali, in inglese *score editor*.
A differenza di tutti gli altri software (come *sequencer*, VSTi etc.) questo tipo di programma presuppone che l'utente abbia acquisite le conoscenze di base della teoria musicale. Gli *score editor* svolgono infatti la funzione di sostituti della scrittura musicale tradizionale di partiture o spartiti. Un parallelo attinente è sicuramente quello con i *word processor* che, per il loro corretto utilizzo, richiedono all'utente una conoscenza basilare delle regole sintattiche

---

[70] Per *loop sequencer* si intendono quei software che lavorano attraverso porzioni di audio ripetute in modo ciclico (*loop* appunto); queste porzioni vengono poi concatenate su di una stessa traccia o anche sovrapposte ad una traccia diversa. Sono dei *loop sequencer* ad esempio Propellerhead Reason 3 (http://www.propellerhead.de), Ableton Live 6 (http://www.ableton.com), Native Instruments Intakt (http://www.nativeinstruments.com) etc.

e grammaticali della lingua in cui si scrive e inoltre anche delle capacità redazionali.

I software di notazione musicale sono di tipo WYSIWYG (*What You See Is What You Get*), ovvero il risultato che si otterrà sarà già quello in cui si lavora e che si vedrà in anteprima sul *monitor*.

L'inserimento dei vari simboli prevede diverse finestre (ad es. Fig. 12) di gestione al cui interno sono presenti simboli derivanti dalla tradizione classica: tramite *mouse* all'inizio, o, successivamente, più rapidamente tramite la tastiera del computer, è possibile ricreare qualsiasi tipo di spartito musicale, anche particolarmente articolato (Fig. 11).

Fig. 11 - Esempio di una partitura complessa realizzata
con il software notazionale Sibelius 5

I vantaggi che si traggono dall'utilizzo di uno *score editor* sono diversi e molteplici. Dal punto di vista dell'impostazione grafica e dell'ordine generale degli spartiti, la loro adozione apporta sicuramente dei vantaggi anche in termini di tempo; è possibile infatti lavorare sulla sola partitura orchestrale di un brano e poi vedersi estrarre e stampare automaticamente le singole parti strumentali. Qualsiasi modifica successiva effettuata, sia nella parte estratta sia in quella orchestrale, verrà apportata automaticamente in tutti e due gli spartiti, eliminando così inoltre i possibili errori di distrazione.

Ma non solo, nel software Sibelius è possibile ad esempio lavorare senza dover ragionare attraverso le regole traspositive. Tramite un semplice tasto funzione, infatti, il software imposta (Fig. 13), o meno (Fig. 14),

Fig. 12 - La palette di Sibelius 4

tutti gli strumenti, compresi quelli traspositori, nella "medesima tonalità", permettendo così al compositore una più rapida ed agevole riflessione compositiva.

Es. tratto dal brano per banda "Me(Mo?)Mi Dorics" di Salvatore Livecchi

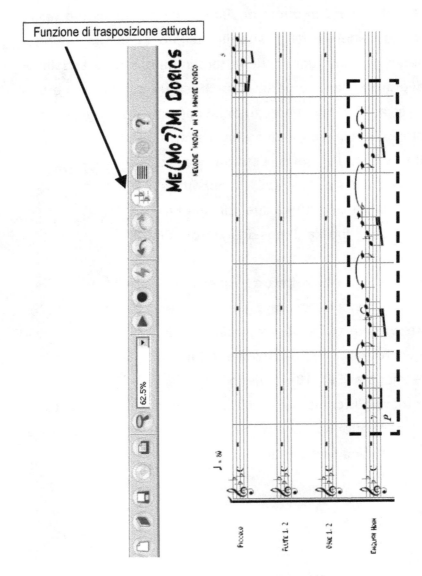

Fig. 13 - Parte non trasposta

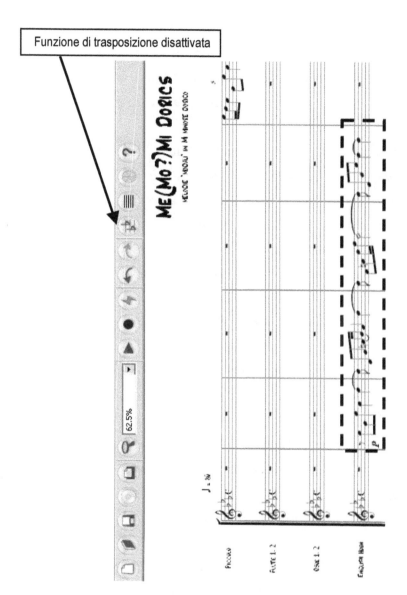

Fig. 14 - Parte trasposta (reale)

Chi dispone di una *Master Keyboard* MIDI collegata al computer e riconosciuta dal software notazionale, può infine immettere in tempo reale le varie note. Sussiste ad esempio, quando non si possiede un'adeguata tecnica pianistica, la possibilità di inserire le parti di un brano per coro non contemporaneamente ma singolarmente, sovraincidendo le singole voci in differenti e successive esecuzioni.

L'inserimento tramite un'esecuzione reale ha un ulteriore vantaggio non perseguibile tramite l'inserimento delle note mediante l'utilizzo del *mouse* o della tastiera del computer. Questi ultimi, infatti, non permettono all'utente di "interpretare gli inserimenti", ovvero inseriscono solamente la nota nei momenti e alle altezze giuste; invece le *Master Keyboard*, oltre le note, registrano i parametri del canale *Velocity* (compreso tra 0 e 127), ovvero la "velocità" con cui il dito dell'esecutore cade sul tasto, deducendone quindi le dinamiche (anche polifoniche).

Le modalità di utilizzo di un software notazionale permettono inoltre, dopo aver composto lo spartito, di trasformare il formato proprietario di ogni casa produttrice anche in uno SMF, ciò costituisce un evidente vantaggio: il file esportato in MIDI è trasportabile, editabile ed eseguibile in qualsiasi altro software notazionale.

Importando in un *sequencer* le informazioni MIDI è possibile, ad esempio, assegnare alle singole tracce l'esecuzione di uno strumento virtuale adatto e, successivamente, applicarvi anche dei *plug-in* di effetti[71] per migliorarne l'ambientazione.

Gli *score editor* più recenti (ad es. Sibelius 5 prodotto dalla

---

[71] Cfr. Cap 4.2.4 del testo.

Sibelius[72] o Finale 2007 prodotto dalla Coda[73]) possiedono inoltre una libreria di suoni virtuali (sia orchestrali sia moderni) che aumenta notevolmente il grado di credibilità di queste esecuzioni, permettendo l'esportazione del brano in formato audio, quindi riproducibile, per un'anteprima, su qualsiasi impianto stereo.

Sempre nelle versioni più evolute sono previsti anche *plug-in* di effetti[74] che simulano riverberi tipici di alcune strutture (come teatri, chiese, sale da concerto etc.); il tutto concorre ad aumentare sempre più la qualità del suono con cui si lavora in fase di produzione.

4.2.2 Sequencer (Audio e MIDI Editor)

La storia dei *sequencer* si può fare risalire, in un certo senso, al XV secolo quando, dalle mani di abili artigiani, nascevano i primi *carillon*. Nelle loro varie evoluzioni, si arriva ai rulli per pianola meccanica (XIX secolo circa), fino alla metà del Novecento quando si cominciò a pensare ad attrezzature elettroniche capaci di gestire ed eseguire una sorta di "sequenze musicali".

Per cercare di capire cosa sia (e cosa faccia) un *sequencer* si pensi ad esempio ad un'orchestra tradizionale, quindi con una "zona" di violini, un'altra di flauti, un'altra di trombe etc. Ogni famiglia di strumenti ha il suo spartito (che in un *sequencer* è la *traccia* o *track*),

---

[72] Cfr. sito ufficiale http://www.sibelius.com.

[73] Cfr. sito ufficiale http://www.codamusic.com.

[74] Come *Garritan Ambience* (http://www.garritan.com).

e, a seconda del volere del compositore, ci saranno momenti in cui dovrà suonare e altri in cui fare delle pause. Graficamente i momenti in cui uno strumento suona sono rappresentati attraverso dei rettangoli (spesso colorati), per contro nei momenti di pausa saranno presenti degli spazi vuoti (sia che si tratti di dati audio che MIDI). Se un certo tipo di strumento non sarà presente nello spartito, allo stesso modo non sarà nemmeno presente quel tipo di traccia nel *sequencer*.

All'inizio degli anni Ottanta, con l'avvento dei computer, si diffusero i primi *sequencer* software, il cui nome deriva proprio dal termine *sequence* (sequenza in inglese). Il termine *sequencer* si potrebbe tradurre malamente con *sequenziatore*, termine forse poco elegante, ma che rende appieno *"l'intima funzionalità del dispositivo cui si riferisce, ovvero quella di creare e gestire sequenze"*[75].

In principio erano solo dei *sequencer* MIDI; intorno agli anni Novanta, grazie soprattutto al forte aumento delle prestazioni degli elaboratori, cominciarono a comparire sul mercato anche quelli compatibili con l'audio. L'aumento generale delle prestazioni dei computer ha permesso di riprodurre fedelmente tutte le funzioni delle macchine hardware sostituendo gradualmente, tramite software, tutte le macchine elettroniche ingombranti del passato. L'hardware dei computer, come per i VSTi, ora contiene e gestisce al suo interno tutti i diversi hardware simulati, inoltre con il vantaggio che tutte le versioni dei software sono sempre e facilmente aggiornabili alla versione più recente quindi più ricca di prestazioni.

Sul mercato si trovano diverse centinaia di *sequencer*, ma solo

---

[75] Cfr. Pier Calderan e Luca Barbieri, 2004, p.253.

alcune case produttrici sono riuscite ad insediarsi nel mercato, diventando una sorta di *standard*.

Qui di seguito l'elenco dei *sequencer* più diffusi.

Casa produttice	Sequencer	Piattaforme compatibili	Livello
Steinberg	Cubase	Pc/Apple	Semi pro
Steinberg	Nuendo	Pc	Pro
Apple	Logic	Apple	Semi pro
Digidesign	Pro Tools	Pc/Apple	Pro
Motu	Digital Performer	Apple	Semi pro
Cakewalk	Sonar	Pc	Semi pro

Non potendo trattare le più interessanti specifiche di tutti i vari *sequencer*, si prenderà in considerazione per questo libro il solo Cubase (Versione Sx e 4) compatibile sia con la piattaforma Apple che Pc. Le linee generali della gestione delle informazioni (ad esempio *mixer*, *piano-roll*, effetti, equalizzatori) sono comunque rappresentate graficamente in forme simili in tutti i maggiori *sequencer*.

Nato nel 1984, il *sequencer* distribuito dalla Steinberg è giunto alla versione denominata Cubase 4 ed è uno dei sistemi più diffusi al mondo.

Si compone di diverse finestre a seconda delle funzioni in cui si vuole lavorare. Nella finestra principale (*Project Window* – Fig. 15) è possibile effettuare tutte le operazioni di creazione ed *editing* dell'audio e del MIDI. Ogni *Progetto*, così viene chiamato tecnicamente ogni file di Cubase, possiede un'unica *Project Window*.

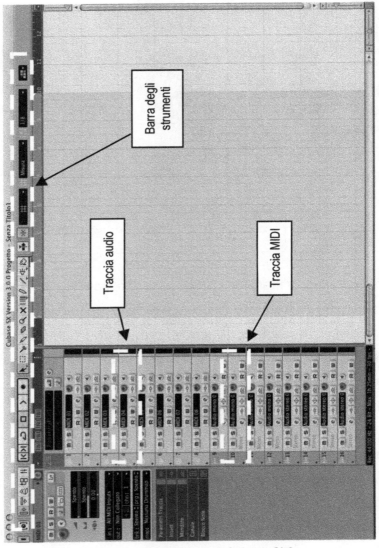

Fig. 15 - La Project Window di Cubase SL3
su hardware Apple e sistema operativo OSX

All'interno sono visibili, differenziate dal colore iniziale, le varie tracce MIDI e audio che compongono il *Progetto* aperto.

Nella parte superiore dell'interfaccia è presenta la barra degli strumenti, tramite i comandi presenti è possibile gestire la riproduzione, la posizione e la registrazione di una traccia; inoltre, sono presenti le funzioni principali come il "taglia", "copia" ed "incolla", il *mute* di una porzione di traccia (sia MIDI che audio), lo strumento per l'*editing* grafico dei vari parametri, lo *snap* etc.

Tramite la barra di trasporto (*Transport* – Fig. 16) viene riprodotto graficamente il classico pannello di comando di un registratore a nastro che gestisce l'avvio, l'arresto, l'avanzamento, la registrazione etc. Tramite questa barra è possibile, inoltre, gestire il tempo del brano (*Time Signature*) e la velocità di riproduzione dello stesso.

Fig. 16 - La Transport di Cubase SX2 su hardware
Apple e sistema operativo OSX

4.2.2.1 *Funzioni di MIDI Editing*

All'interno di Cubase Sx sono presenti cinque diversi *editor* delle informazioni MIDI:

      i. Editor Key

     ii. Editor Elenco

iii. Editor Percussioni

iv. Editor Tempo Traccia

v. Editor Logico

Editor Key: (Fig. 17) è l'*editor* di *default* di Cubase Sx e rappresenta le tradizionali note contenute all'interno di una sequenza MIDI sotto forma di rettangoli (*box*). Per inserire le note è possibile, oltre che tramite *Master Keyboard*, disegnarle graficamente all'interno dell'*editor*. Allo stesso modo, sempre tramite funzioni di *drag and drop*, è possibile editare qualsiasi nota precedentemente inserita (cambio di intonazione, durata, inizio e fine della nota etc.). Oltre ai "parametri tradizionali", nella parte inferiore della finestra è possibile gestire e modificare, ad esempio, le *velocity* con cui ogni nota sarà poi eseguita dal *sequencer*; ma non solo: attraverso la stessa finestra e allo stesso modo, si possono gestire diversi altri parametri come il volume, la posizione stereofonica (*pan*), l'*aftertouch*, il *sustain*, il *pitchbend* etc.

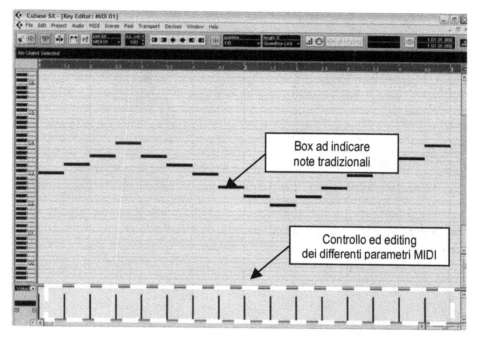

Fig. 17 - Il Key Editor di Cubase SX su PC e
sistema operativo Windows XP

Editor Elenco: (Fig. 18) denominato anche *List Editor*.
Questo *editor* permette di visualizzare e modificare
eventi MIDI. Graficamente le note contenute
all'interno di una traccia MIDI vengono visualizzate
ed ordinate in base a quando sono state registrate (in
alto quelle registrare prima e viceversa), ogni evento
registrato ha una sua riga dedicata in cui sono
indicati tutti i parametri presenti (tipo di evento, inizio,
fine, canale etc.), pertanto anche note identiche
hanno una riga differente. Questa caratteristica è
dunque l'ambiente ideale per tutte le correzioni finali

di piccola entità.

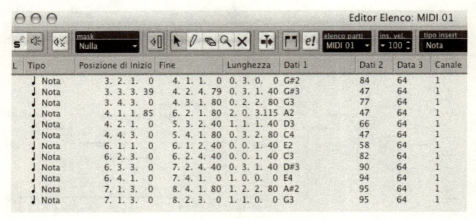

L	Tipo	Posizione di Inizio	Fine	Lunghezza	Dati 1	Dati 2	Data 3	Canale
	Nota	3. 2. 1. 0	4. 1. 1. 0	0. 3. 0. 0	G#2	84	64	1
	Nota	3. 3. 3. 39	4. 2. 4. 79	0. 3. 1. 40	G#3	47	64	1
	Nota	3. 4. 3. 0	4. 3. 1. 80	0. 2. 2. 80	G3	77	64	1
	Nota	4. 1. 1. 85	6. 2. 1. 80	2. 0. 3.115	A2	47	64	1
	Nota	4. 2. 1. 0	5. 3. 2. 40	1. 1. 1. 40	D3	66	64	1
	Nota	4. 4. 3. 0	5. 4. 1. 80	0. 3. 2. 80	C4	47	64	1
	Nota	6. 1. 1. 0	6. 1. 2. 40	0. 0. 1. 40	E2	58	64	1
	Nota	6. 2. 3. 0	6. 2. 4. 40	0. 0. 1. 40	C3	82	64	1
	Nota	6. 3. 3. 0	7. 2. 4. 40	0. 3. 1. 40	D#3	90	64	1
	Nota	6. 4. 1. 0	7. 4. 1. 0	1. 0. 0. 0	E4	94	64	1
	Nota	7. 1. 3. 0	8. 4. 1. 80	1. 2. 2. 80	A#2	95	64	1
	Nota	7. 1. 3. 0	8. 2. 3. 0	1. 1. 0. 0	G3	95	64	1

Fig. 18 - Il List Editor di Cubase SL3 su Apple
e sistema operativo OSX

Editor Percussioni: (Fig. 19) denominato anche *Drum Editor*. È l'ambiente progettato appositamente per l'*editing* di *pattern* ritmici.

Come per il *Key Editor,* è possibile inserire graficamente i vari ritmi sui differenti strumenti. Per rendere più preciso l'inserimento delle note esiste poi una funzione (totalmente personalizzabile) di quantizzazione globale (*Global Quantize*) che crea una sorta di griglia, le cui "maglie" fanno da paletti per inserire esattamente le note. Sono inoltre presenti le finestre per la gestione della varie *velocity* e per la durata delle note.

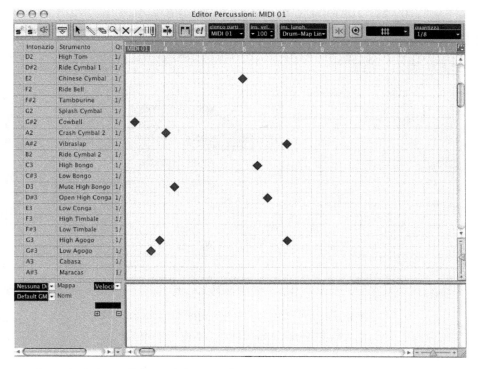

Fig. 19 - Il Drum Editor di Cubase SL3 su Apple, sistema operativo OSX
e quantizzato all'unità minima di una croma (1/8) in 4/4

Editor Tempo Traccia: (Fig. 20) detto anche *Tempo Track Editor*. Questo *editor* gestisce al suo interno solo eventi MIDI relativi alle variazioni di tempo e di metrica nel *Progetto*.

Come in ogni altro *editor*, anche nella finestra di gestione del *Tempo Track Editor* sono presenti diverse aree di *editing* ed informative sui vari parametri del tempo. Attraverso lo strumento di disegno è possibile creare delle variazioni di tempo (come *allargando*, *stringendo* etc.) atte a rendere un'esecuzione sintetica più simile a quella umana.

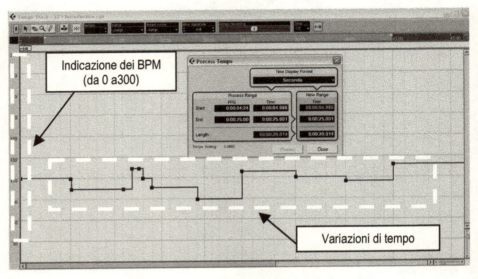

**Fig. 20 - La Tempo Track Editor di Cubase SX3
su Pc e sistema operativo Windows XP**

Editor Logico: (Fig. 21) detto anche *Logical Editor*. È uno degli *editor* più avanzati di Cubase. La sua funzione principale è quella di permettere all'utente la ricerca di specifici eventi per poi sostituirli con altri. L'utilizzo di questo *editor*, per sfruttare tutte le sue potenzialità, richiede però da parte dell'utente una conoscenza avanzata del protocollo MIDI e delle sue funzioni. Per poter utilizzare le funzioni di ricerca e sostituzione è necessario fornire al *sequencer* alcune condizioni di filtraggio (*Filter Condition*), definire quale funzione il *Logical Editor* dovrà eseguire sugli eventi filtrati ed infine impostare una lista di azioni da operare sui risultati forniti dalla ricerca.

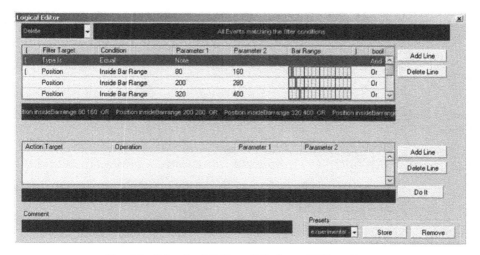

Fig. 21 - Il Logical Editor di Cubase SX3 su Pc e
sistema operativo Windows XP

4.2.2.2 Funzioni di Audio Editing

A differenza della sezione di MIDI *editing* appena
illustrata, il controllo dell'*editing* audio in Cubase è gestito da
soli due *editor*:

1. Editor dei campioni
2. Editor delle parti audio

Editor dei campioni: (Fig. 22) detto anche *Sample Editor*. È
utilizzato quando l'utente vuole applicare un qualsiasi
processo ad una specifica *regione* di una traccia audio.
Come l'*editor Key* era l'*editor* di *default* per la sezione MIDI,
il *Sample editor* è associato in predefinito a tutti i *clip* audio
ed alle *regioni*. Tramite questa finestra è possibile eseguire

le classiche funzioni di "taglia", "copia" ed "incolla" o applicare ad una specifica porzione della traccia degli effetti (ad es. l'aggiunta di riverbero, di *gain*, di *delay*, di distorsione etc.). Una delle caratteristiche più interessanti di questo *editor* audio è che la tecnica di lavoro non è distruttiva, ovvero ogni operazione compiuta dall'utente può essere annullata o ripetuta (attraverso il pannello "Storia del *Processing Offline*") in qualsiasi momento dall'utente senza compromettere la qualità dell'audio.

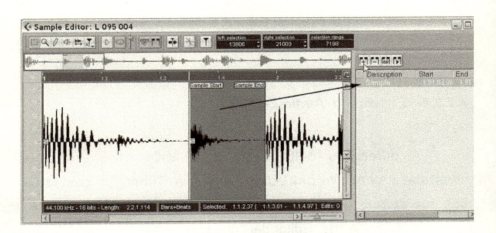

**Fig. 22 - Il Sample Editor di Cubase SX3 su Pc e
sistema operativo Windows XP**

Editor delle parti audio: (Fig. 23) detto anche *Audio Part Editor*. È il corrispettivo del *MIDI Editor*, ma viene utilizzato per modificare gli eventi all'interno di un clip audio. Molte delle funzioni di questo *editor* sono presenti anche nella finestra generale di *Progetto*; la differenza tra le due è che nella finestra *Progetto* non è possibile modificare singole parti all'interno di *eventi* o *regioni*. L'*Audio Part Editor* è composto da "corsie", ovvero delle zone in cui è possibile organizzare e collocare eventi audio in una traccia. È possibile avere più "corsie", ma di queste solo una è ascoltabile (la corsia superiore ha la priorità).

Fig. 23 - L'Audio Part Editor di Cubase SX3 su Apple e sistema operativo OSX

4.2.3 Plug–in

Tutti i software di *Hard Disk Recording* svolgono ormai, in collaborazione con gli hardware che li ospitano, il ruolo di studio di registrazione integrato. Con l'introduzione sul mercato dei *plug-in* il raggio d'azione delle *DAW* si è ulteriormente esteso, dando all'utente la possibilità di simulare in tempo reale (e con una procedura sempre non distruttiva) sia effetti hardware (equalizzatori, riverberi, compressori, *delay* etc.) sia strumenti reali precedentemente campionati e ora gestiti tramite il protocollo MIDI.

Storicamente, in campo audio, i primi *plug-in* comparvero contestualmente alla nascita del *sequencer* ProTools della Digidesign. Le prime versioni furono solamente per piattaforma Macintosh, in seguito arrivò l'ormai noto Cubase VST di Steinberg, sempre per hardware Apple.

Il termine *plug-in* significa letteralmente, dall'inglese, "inserimento a spina": come tali, infatti, i *plug-in* si "attaccano" ai *sequencer* che li ospitano. Questi ultimi possiedono già al loro interno dei *plug-in* di varia natura (sia audio che MIDI), ma poiché la funzione specifica di questo tipo di software è differente, ovvero registrare e gestire eventi audio-MIDI, le componenti interne raramente sono di discreta qualità, soprattutto se paragonate con prodotti specifici. La capacità poi di far "attaccare" i *plug-in* a tutti i maggiori *sequencer* ha permesso alle case produttrici (anche *software house* diverse dalle produttrici dei *sequencer*) di costruire programmi settoriali, spesso di altissima qualità; situazione, quest'ultima, sottolineata dal fatto che il prezzo di alcuni *plug-in* può superare ampiamente quello dei *sequencer* più costosi[76].

Infine i *plug-in* possono lavorare in due maniere differenti: la prima, facendosi ospitare da un *sequencer*, che in questo caso si dice *host* (o applicazione principale), la seconda, lavorando autonomamente, in questo caso si indica come capacità di lavoro in modalità *stand-alone*.

I vantaggi per l'utente che utilizza i *plug-in* sono essenzialmente tre:

1. Il programma che fa da ospite (*host*), è più "snello" rispetto ad un altro con all'interno tutte le possibilità offerte da vari *plug-in*. Questa procedura comporta due vantaggi fondamentali, ovvero una minore richiesta di risorse al processore del computer e, di conseguenza, rendendo il computer più stabile e risparmiando memoria RAM.

2. I *plug-in* possono essere sviluppati da terze parti; il risultato è che attualmente ne esiste sul mercato una grande varietà, sia per le funzioni offerte sia per il costo all'utente.

---

[76] Non soltanto le applicazioni audio dispongono di *plug-in*, molto spesso anche software di grafica e design (ad esempio Photoshop) utilizzano ed implementano *plug-in* per aggiungere potenzialità al programma principale. Solitamente sono sviluppati da terze parti.

3. L'utente può personalizzare totalmente il proprio *sequencer*, installando al suo interno esclusivamente i tipi di *plug-in* maggiormente adatti al suo stile compositivo.

L'unico svantaggio dei *plug-in* consiste nella quantità di risorse accupate al sistema, sia in termini di velocità del processore, sia in termini di memoria RAM occupata. Ad esempio il minimo quantitativo di memoria consigliata dai produttori è di 1 Gb (*GigaByte*), ma se ne consigliano vivamente il doppio o anche più).

Non tutti i *plug-in* richiedono però la stessa quantità di risorse al sistema. La mole di lavoro da far effettuare dipende dall'algoritmo di calcolo che i *plug-in* faranno eseguire al processore: più complesso sarà il calcolo matematico, più risorse del sistema saranno occupate. Ad esempio un *plug-in* di riverbero consumerà molte più risorse di un *plug-in* destinato a riprodurre un effetto di *chorus* o *delay*.

Esistono vari formati di *plug-in*, indicati da diversi acronimi, ognuno dei quali differisce dagli altri per le tecnologie utilizzate. Nella seguente tabella figura l'elenco delle tipologie più diffuse sul mercato.

Acronimo	Caratteristiche
VST	Come già scritto, acronimo di *Virtual Studio Tecnology*, è stato creato da Steinberg. Grazie a questa tecnologia il computer può trasformarsi in studio di registrazione con

	funzioni di *mixer*, effetti digitali, *editing* audio e *synth virtuali*. Steinberg non detiene l'esclusività della tecnologia, quindi questa può essere utilizzata da terzi (ad esempio Spark, Vision, Peak etc.). Questa tecnologia si "appoggia" al processore, quindi viene limitata solo dalla sua potenza: più potente sarà il processore, più *plug-in* VST potranno essere eseguiti contemporaneamente.
DirectX	Sistema sviluppato e brevettato dalla statunitense Microsoft esclusivamente per il suo sistema operativo Windows. Oltre che per l'audio questo insieme di *driver* gestisce la grafica e le animazioni, riuscendo a lavorare in *real time* (ovvero senza avere la necessità di creare un nuovo file). Come per i VST, questa tecnologia si appoggia esclusivamente sulle CPU. In generale, oggi i *driver* DirectX sono considerati piuttosto superati e, se possibile, si preferisce utilizzare la più aggiornata tecnologia (ad esempio VST). DirectX è spesso abbreviato con DX.
TDM	Acronimo di *Time Domain Multiplex*, è uno dei sistemi più usati in ambito professionale poiché richiede sforzi sia economici sia di calcolo per poter essere sfruttato al meglio. I software che ne fanno uso sono essenzialmente Protools e Spark XL della TC Works[77] e, per poter funzionare, richiedono esclusivamente l'uso di una scheda audio della Digidesign. Questa tecnologia, differentemente da quella VST o Mas, non si appoggia al processore per lavorare, ma utilizza dei processori esterni dedicati posti su hardware esterno. Questa procedura aumenta notevolmente i costi, ma per contro estende la qualità sonora e la resa dinamica

[77] Maggiori dettagli sul sito ufficiale http://www.tcelectronic.com/sparkxl.

	finale. Lavora in qualità di 24 *bit*, con al massimo 256 canali ed integrando il *mixing* ed il *processing* in *real time* dei segnali digitali.
MAS	Concepiti dalla società americana Motu (*Mark of the Unycorn*), sono dei *plug-in* proprietari detti Mas (*Motu Audio System*).
RTAS	Acronimo di *Real Time Audio Suite*, è una tipologia di *plug-in*, per piattaforma Apple, che aggiunge ai *plug-in* AudioSuite[78] la possibilità di utilizzare gli effetti in tempo reale. Questo sistema ha prestazioni simili alla tecnologia TDM (particolarmente in merito all'automazione) ed è disponibile solo per sistema Pro Tools (sia OSX che Windows).

4.2.3.1 Plug-in di effetti

"A plug-in is a software designed to function in conjunction with a DAW, providing additional functionally. In some cases the functionality of the plug-in was either left to hardware devices or non-existent before the development of the plug-in. In other cases the DAW itself may provide the functionality in a rudimentary form, [...] but a third-party plug-in will provide more features and higher-quality sound."[79]

Questo tipo di *plug-in* sono utilizzati per introdurre in una traccia audio diversi parametri come riverbero, *delay*, distorsione. Ma non solo,

---

[78] È una tecnologia che permette l'utilizzo di effetti virtuali come *plug-in* sulle tracce audio.

[79] Cfr. Paul Gilreath, 2004, p.307.

esistono anche specifici *plug-in* dedicati al restauro audio[80], capaci ad esempio di eliminare i fruscii dai vecchi dischi vinile o recuperare registrazioni analogiche anche in gravi condizioni audio.

Nell'orchestrazione MIDI vengono utilizzati diversi tipi di *plug-in* capaci di produrre degli ottimi risultati migliorando notevolmente il risultato sono di una composizione virtuale.

In generale i tipi di *plug-in* maggiormente utilizzati sono di quattro tipi:

1. Riverberi
2. Delay
3. Equalizzatori
4. Compressori

Riverberi: Il primo tipo di *plug-in* da utilizzare e da impostare sarà probabilmente quello del riverbero[81]. Il suo utilizzo è di fondamentale importanza poiché permette agli utenti di simulare la stanza in cui, ipoteticamente, hanno suonato tutti gli strumenti virtuali o reali. Tramite le interfacce (es. in Fig. 24) dei vari *plug-in* di riverbero è possibile settare, a seconda del software, il tempo di riverbero, la forma della stanza, il materiale con cui sono virtualmente rivestiti o creati il pavimento e le pareti etc.

Questo effetto aggiunge ai vari suoni profondità e

---

[80] Ad esempio i *plug-in* Restoration della Waves (http://www.waves.com/Content.aspx?id=197).

[81] Il riverbero è un effetto ambientale causato dalle riflessioni delle onde sonore su oggetti rigidi. Le dimensioni di un ambiente determinano il tempo di riverbero e quindi la sua morfologia.

naturalezza; spesso viene anche utilizzato dai tecnici del suono per correggere dei leggeri errori di intonazione (vocale o strumentale).

La simulazione dell'effetto di riverbero richiede al processore un notevole sforzo causa il suo complesso algoritmo matematico; questo spiega inoltre il motivo per cui l'effetto è disponibile in versione software soltanto da qualche anno, grazie quindi al forte aumento prestazionale delle CPU.

A seconda del genere di musica che si andrà a creare, il suo utilizzo, soprattutto il suo "dosaggio", sarà differenze. Se si vuole ad esempio simulare una sala da concerto, la quantità di riverbero introdotto sarà superiore che non in una sala da *jazz club*, quindi con un *"sound"* più limitato causa le dimensioni della stanza, sicuramente più ridotte.

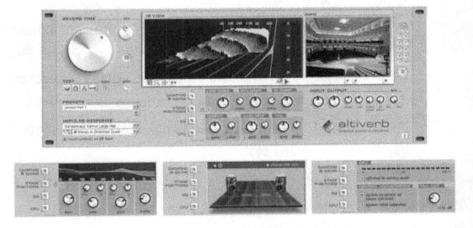

Fig. 24 - La GUI del plug-in di effetto di riverbero a convoluzione Altiverb 6 della Audioease (http://www.audioease.com)

Delay: Il secondo *plug-in*, necessario per una corretta ricostruzione ambientale simulata, è un software che crei e gestisca il *delay*[82]. Questo tipo di software viene utilizzato dagli orchestratori virtuali e dagli ingegneri del suono per creare virtualmente la dislocazione spaziale degli strumenti. Se pensiamo ad esempio all'organizzazione dell'orchestra sinfonica (Fig. 25), vedremo (e percepiremo) sicuramente i legni, i violini, le viole ed i violoncelli più vicini a noi (sia dal vivo che nei *compact disc*), mentre ottoni, contrabbassi e percussioni, maggiormente più relegati, sia fisicamente che nel *mixing*, in una posizione più arretrata. Poiché il suono deve viaggiare, attraverso l'aria, dalle casse armoniche degli strumenti sino al nostro apparato uditivo e poiché queste distanze da compiere sono, seppur di poco, diverse, il nostro cervello percepirà le differenti posizioni, stereofoniche e spaziali, grazie anche ai lievi ritardi (appunto *delay* in inglese) con cui il suono giungerà all'orecchio. I *plug-in* di *delay* permetto, tramite l'impostazione della loro interfaccia grafica (es. in Fig. 26), di simulare tutti i tipi di ritardi tipici degli ambienti reali.

---

[82] L'effetto di *delay*, o di *echo,* crea delle copie dello stesso segnale "mixandolo" con l'originale in tempi differenti, riducendo gradualmente l'ampiezza generale del segnale audio.

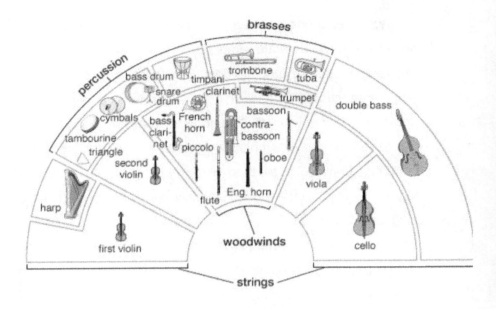

Fig. 25 - La disposizione classica di un'orchestra sinfonica

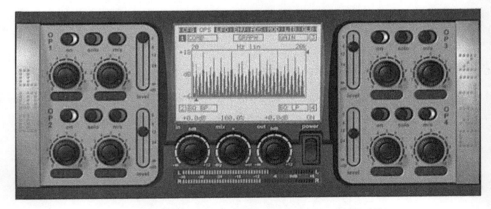

Fig. 26 - L'interfaccia di controllo del plug-in di delay
PSP NITRO della Motu (http://www.motu.com)

Equalizzatori: Il terzo tipo di *plug-in* indispensabile per una corretta costruzione del suono generale di un brano (sia virtuale sia reale), è un equalizzatore (EQ).

Nel mondo reale qualsiasi suono è formato da più frequenze; quando si applica un effetto di equalizzazione lo si applica dunque oltre che alla frequenza base, anche alle armoniche che la compongono.

Questo strumento è utilizzato per modificare il timbro dei singoli strumenti o del *mix* generale. Il suo utilizzo permette di "tagliare" o "spingere" una o più porzioni delle frequenze dello spettro dell'udibile di un suono. Questa quantità di riduzione o di enfatizzazione delle frequenze si esprime nell'unità di misura dei decibel. Sul mercato esistono due tipi di EQ (sia hardware sia software), uno di tipo grafico ed uno di tipo parametrico.

L'equalizzazione ha una funzione molto importante in un brano, essa permette infatti di sopperire a due note caratteristiche dell'apparato uditivo umano, che non ci permettono di percepire con la stessa precisione alcuni suoni.

Le limitazioni sono essenzialmente due e sono:

1. **Diagramma di Fletcher e Munson:** ai volumi più bassi l'orecchio umano non è in grado di percepire né le frequenze più acute, né quelle più gravi.

   Nel diagramma di Fletcher e Munson[83] (Fig. 27) la

---

[83] [...] Il diagramma di Fletcher-Munson, che risale agli anni '40, è il risultato di un'indagine empirica condotta su un vasto campione di cittadini americani.[...] le

curva che ha maggiore rilevanza è quella posta sugli 0 foni, questa rappresenta infatti la *soglia di assoluta udibilità*[84].

Gli strumenti che suonano in tessiture melodiche particolarmente gravi (timpani, grancasse, contrabbassi etc.), lavorano proprio negli intervalli di frequenza meno udibili per l'orecchio umano; per questo motivo potrebbe essere necessario intervenire umanamente tramite un processo di equalizzazione, cercando, nei limiti del possibile, di esaltare, o meno, le frequenze dei registri più gravi, con particolare riferimento a quando si ascolta ad un volume lieve.

---

curve rappresentate sono delle *isofone*, cioè i punti [...] che fanno parte della stessa curva vengono percepiti dello stesso volume. [...] la nostra sensibilità è massima per i suono compresi tra i 2 e 5 kHz [...] in questo intervallo [...] le curve raggiungono [...] l'intensità minima per percepire il volume [...]. Cfr. Vincenzo Lombardo e Andrea Valle, 2006, pp.95-96.

[84] Cfr. Vincenzo Lombardo e Andrea Valle, 2006, p.96.

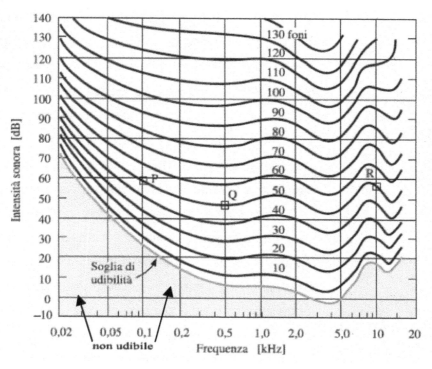

Fig. 27 - Diagramma di Fletcher e Munson

2. **Il Mascheramento:** il mascheramento [...] è *quel fenomeno per cui un segnale forte maschera un segnale debole. Nella vita quotidiana ciò si verifica quando non si riesce ad ascoltare qualcuno che bisbiglia, quando contemporaneamente qualcun altro sta urlando nella stessa stanza*[85].[...]

Nella vita reale, come si è già detto, ogni suono è composto da una gamma di frequenze (*armoniche*), che hanno la funzione di creare il

---

[85] Cfr. Vincenzo Lombardo e Andrea Valle, 2006, pp.99-100.

timbro tipico di ogni strumento[86] (e di ogni voce). Capita dunque che le *armoniche* prodotte da uno strumento abbiano un volume maggiore delle *armoniche* della stessa frequenza ma provenienti da un altro strumento; causa il fenomeno del *mascheramento,* le frequenze armoniche del secondo strumento (quello con il minor volume) saranno eliminate sotto la più grossa "campana" delle *armoniche* del primo strumento (Fig. 28). Il risultato di questa "perdita di informazioni" è che il secondo timbro verrà inevitabilmente modificato dal primo. Tramite il corretto lavoro di equalizzazione sui *plug-in* di EQ (Fig. 29) è possibile, in qualche modo ed in certi limiti, ripristinare il timbro di un determinato strumento.

---

[86] Ad esempio un La4 (a 440 Hz) suonato da un pianoforte è distinguibile da uno stesso La4 suonato da una chitarra, grazie proprio al fatto che gli strumenti emettono *armoniche* differenti, pur suonando in realtà la stessa nota.

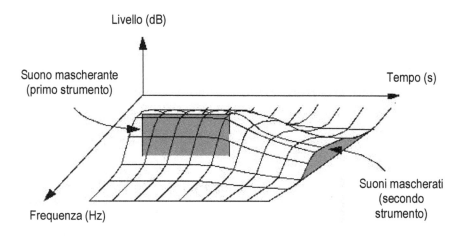

Fig. 28 - Illustrazione, a tre dimensioni, del fenomeno di mascheramento

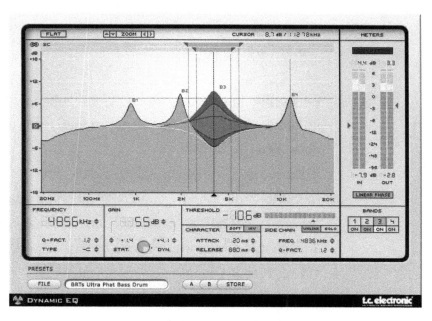

Fig. 29 - L'interfaccia di controllo del plug-in di EQ grafico
Dynamic EQ della T.C. Electronic (http://www.tcelectronic.com)

Compressori: questo tipo di effetto serve a limitare il livello di uscita dell'audio (viene infatti detto anche *Limiter*). La funzione principale dei compressori è quella di ridurre la *gamma dinamica*, amplificando le porzioni di audio in cui il livello di volume è troppo basso e riducendo quelle in cui, al contrario, è troppo alto (*peak*[87]).

I compressori sono usati maggiormente in fase di *mixing* di un brano, tramite il suo utilizzo si eliminano infatti tutte le possibili distorsioni, apportando di conseguenza significativi miglioramenti sul risultato sonoro del segnale audio.

Il principali parametri (Fig. 30) dei compressori (sia hardware sia software) sono quattro:

1. **La Soglia**: in inglese *Threshold,* è il volume oltre il quale un segnale viene ridotto di una determinata quantità.

2. **Il Rapporto**: in inglese *Ratio,* indica, tramite un rapporto frazionario, quanto il segnale deve essere ridotto in caso di superamento del *Threshold.* Il rapporto minimo da cui si parte è 1:1, ovvero il segnale non viene modificato, fino ad arrivare anche a 20:1, "settaggio" che limita enormemente il segnale oltre la *soglia.* Ad

---

[87] Letteralmente "picchi". Indica le variazioni di un segnale audio istantanee, che assume in pochi attimi ampiezze troppo elevate.

esempio, quest'ultimo *ratio* richiederebbe in entrata del compressore un segnale di 20 dB per produrre un suono in uscita pari ad 1 dB.

3. **Il Tempo di Attacco**: in inglese *Attack*, stabilisce il tempo di reazione del compressore, ovvero dopo quanto tempo (in millisecondi) si interviene per ridurre il livello di volume di un suono. Un livello ridotto di *Attack* fa intervenire subito il compressore, generando un suono più morbido; se invece si "setta" un elevato livello una parte del suono non compresso andrà direttamente nel compressore, creando degli *attacchi* più accentuati.

4. **Il Rilascio**: in inglese *Release*, non è presente in tutti i compressori. Questo parametro viene utilizzato per regolare il tempo con cui il compressore, allorché il segnale torni nuovamente sotto il livello di *Threshold*, restituisce il volume del segnale originale.

Tutti i compressori operano in tre diverse fasi:

1. la prima analizza e riconosce il segnale audio da processare (viene compresso solo se questo segnale è al di sopra di un certo limite minimo, impostato dall'utente tramite il parametro di *Threshold*)

2. la seconda, successiva, comprime la dinamica

(attraverso il parametro di rapporto *ratio*)

3. la terza, ed ultima, fase modifica il *guadagno* (detto *gain*) del segnale audio per portarlo al livello ottimale.

A seconda degli strumenti che si andranno a "comprimere" si dovrà operare differentemente sulle singole tracce, poiché particolari "settaggi" del compressore produrranno effetti diversi, non tutti corretti per taluni strumenti. Ad esempio se si "settasse" un tempo di attacco di 30 ms (quindi molto rapido), si ridurrebbero troppo i colpi degli strumenti a percussione (ad esempio la batteria), mentre se l'impostazione dell'*Attack* fosse di 100-200 ms (un tempo qui considerato lungo), si produrrebbe il solo aumento di volume generale della traccia, senza creare però alcuna compressione. Per quanto riguarda una parte vocale, invece, il risultato sonoro da perseguire è quello del giusto equilibrio nel *mixing* generale, in modo da creare una buona *gamma dinamica* con un suono più naturale possibile. Solitamente il *Ratio* utilizzato sulle voci non è eccessivo, si utilizza ad esempio il rapporto di 2:1.

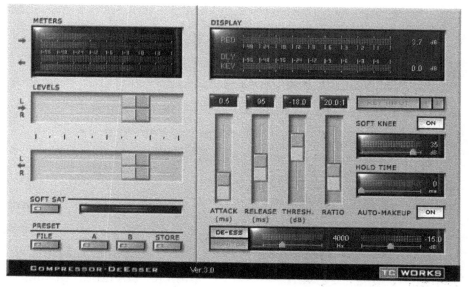

Fig. 30 - L'interfaccia di controllo del plug-in di compressore
Compressor-DeEsser 3.0 della TC Work (http://www.tcelectronic.com)

Ad ampliare quanto illustrato per i *plug-in* di riverbero,
si vuole infine accennare ad un'altra recente possibilità per
gestire più chiaramente la simulazione del posizionamento
spaziale: i *plug-in* di *space designer*. Come detto in
precedenza, la registrazione di uno strumento in uno spazio
virtuale viene simulata attraverso l'utilizzo di specifici *plug-in*
di riverbero. Il loro utilizzo però non è spesso dei più
semplici.

Lavorare sui parametri di questi effetti (ad esempio sul tempo
di riverbero, sul *pre-delay*[88], sul *damping*[89], sull'equalizzazione

---

[88] Questo parametro indica il tempo (in ms) che intercorre tra il suono diretto e lo
sviluppo della riverberazione (incluse le prime riflessioni). E' di fondamentale
importanza per la percezione della dimensione di una stanza, perchè per l'orecchio

in uscita, sul livello di suono asciutto e sul livello di suono "effettato"), magari soltanto girando delle manopole virtuali, può risultare complesso a molti utenti, non particolarmente avvezzi alle teorie dell'acustica; senza escludere poi il fatto che uno scorretto utilizzo dei *plug-in* di riverbero (ma anche in generale) può portare ad un peggioramento del segnale, piuttosto che ad un suo miglioramento.

Per venire incontro a queste necessità, cercando di ridurre al minimo le competenze professionali richieste, molte *software house* hanno iniziato a produrre interfacce per i loro programmi (es. in Fig. 31) più semplici, favorendo l'introduzione dei vari "settaggi" tramite comandi grafici e *preset*, piuttosto che tramite il solo inserimento numerico di ogni parametro (come maggiormente avveniva per le versioni hardware dei riverberi).

---

umano è il tempo che il segnale audio impiega a rimbalzare sulle pareti e per poi tornare indietro.

[89] Questo parametro indica la quantità di frequenze acute "smorzate" nelle seconde riflessioni. È il parametro che simula l'effetto di assorbimento tipico delle pareti.

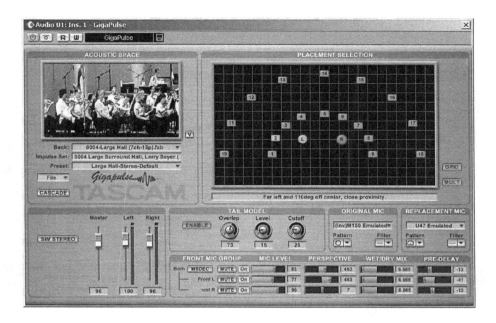

Fig. 31 - L'interfaccia di controllo del plug-in di Space Design
GigaPulse della Tascam (http://www.tascam.com)

4.2.4 Plug-in MIDI (Soft Sampler)

Questo tipo di *plug-in* permette all'utente di controllare, tramite protocollo MIDI, dei campioni reali di suoni memorizzati all'interno di *Sample Library*[90].

Questa funzione viene oggi svolta dai *Soft Sampler*, versioni software che replicano le funzionalità delle tradizionali unità di campionamento hardware[91] (Fig. 32). Le funzionalità di questi

---

[90] Cfr. sottocapito successivo.

[91] Tra i più famosi campionatori hardware figurano E-mu, Roland, Akai, Kurzweil, Yamaha etc.

dispositivi, sia hardware sia software, permettono di campionare e successivamente manipolare le sorgenti audio analogiche. Questa serie di piccoli segmenti (detti campioni, *samples* in inglese) viene poi *mappata* secondo un *key range*

specifico[92], producendo la cosiddetta *keymapping*, che a sua volta

verrà *triggerata* (gestita) tramite un MIDI *controller*. Una volta creata la libreria di suoni campionati (*Sample Library* appunto), la loro

Fig. 32 - Il campionatore hardware Akai S-5000

esecuzione potrà essere "virtualmente diretta" (in tempo reale) tramite le tracce MIDI all'interno di un *sequencer* o tramite dei *controller* MIDI esterni (*master keyboard* etc.).

"Le possibilità creative offerte da un Soft Sampler oggi sono davvero infinite se si pensa alla quantità di librerie di campioni disponibili che coprono le esigenze di qualsiasi utente, dal compositore di musica classica più esigente all'appassionato di dance music casalingo"[93].

Non avendo più il problema dello spazio occupato (o avendolo in modo ridotto), sul mercato hanno fatto la comparsa sempre più articolate librerie di suoni, alcune delle quali di dimensioni anche ragguardevoli (esistono ad esempio librerie di cori, contenute su diversi DVD, di 35 Gb[94]). Tramite queste raccolte di

---

[92] Cfr. Pier Calderan e Luca Barbieri, 2004, p.273.

[93] Cfr. *ibidem*, p.273.

[94] Cfr. Quantum Leap Symphonic Choirs della EastWest

suoni è possibile gestire qualsiasi strumento moderno o del passato: si parte dai campioni dei pianoforti della storica *Steinway*, passando dagli organi *Hammond* degli anni Sessanta e Settanta, per arrivare alle complesse librerie orchestrali.

I *Soft Sampler* più diffusi sul mercato sono sicuramente il Gigastudio della Tascam (http://www.tascam.com), il Kontakt della Native Instruments (http://www.nativeinstruments.com) ed Halion della Steinberg (http://www.steinberg.net).

4.2.4.1 Virtual Instrument (Orchestral Libraries)

I Virtual Instrument (VSTi) sono forse uno dei maggiori fattori del successo (professionale ed hobbistico) della registrazione digitale. Questi strumenti virtuali permettono a qualsiasi utente di governare, tramite *sequencer* o *controller* MIDI, qualsiasi strumento, tradizionale e non. La "semplice" gestione dei vari VSTi e la loro versatilità hanno, nel giro degli ultimi dieci anni, ampliato notevolmente il mercato della registrazione digitale di musica in tutto il mondo.

Le librerie orchestrali presenti sul mercato sono sempre più numerose e possono avere sia caratteristiche sia prezzi molto diversi tra loro. Come per altri software non esiste una "libreria migliore", ognuna ha caratteristiche e fini anche diversi, certe posso essere maggiormente adatte ad un arrangiamento *pop*, altre invece sono più indicate per un

---

(http://www.eastwestsamples.com).

111

suono grande ed epico[95]. Essenzialmente per scegliere una libreria orchestrale bisogna inoltre sapere che:

✓ Il suono finale di una orchestrazione virtuale è dato da diversi altri fattori, non solo dalla qualità della libreria utilizzata.

La maggior parte delle *software house* crea strumenti virtuali senza alcun effetto (ad esempio senza riverberazione, compressione etc.), non per fornire un servizio incompleto all'utente ma per favorirlo. Consegnando i campioni *dry* (in inglese "asciutti", ad indicare la mancanza di effetti applicati allo strumento), si lascia agli utilizzatori delle librerie una totale personalizzazione spaziale e ambientale, altrimenti impossibile. La corretta contestualizzazione reale dei suoni poi, insieme alla qualità di base della libreria, concorre alla migliore resa sonora finale.

✓ Non sempre le librerie di maggiore dimensione (si arriva anche ai 550 Gb della Vienna Symphonic Library) sono a priori le consigliate. Escludendo la ormai secondaria questione dello spazio occupato sugli *hard disk*, bisogna però ancora tenere conto dello spazio che questi campioni occuperanno nella RAM dei computer. Dovendo lavorare su

---

[95] Cfr. Paul Gilreath, 2003, p.525.

audio non in alta definizione è quindi sconsigliabile, ad esempio, valutare positivamente una libreria che possa lavorare con campioni in risoluzione di 24 *bit* (che occupano ovviamente maggiore spazio nelle risorse del sistema ed andranno comunque ridotti in qualità di 16 *bit* in fase di *masterizzazione* finale).

✓ Oltre al numero di strumenti disponibili, occorre inoltre valutare poi quali *articolazioni* i singoli strumenti potranno effettuare. Nel caso del violino, ad esempio, saranno necessari almeno il *legato*, il *pizzicato*, il *vibrato* etc.[96]

---

[96] Le librerie più complesse possiedono anche *articolazioni* particolari, ad esempio, la Vienna Symphonic Orchestra è dotata, oltre che delle più comuni *articolazioni*, anche di *détaché* (lunghi e corti), *pizzicati* alla Bartók, *glissandi*, *mordenti*, *ponticello*, *sul tasto* etc.

SECONDA PARTE

"Se, come quasi sempre accade,
la musica sembra esprimere qualcosa,
questa è soltanto un'illusione."

Igor Stravinsky

5. L'orchestrazione classica

Per orchestrazione si intende sia lo studio sia la pratica di comporre una musica per un'orchestra oppure l'adattamento per orchestra di una musica originariamente scritta per uno strumento solo (spesso il pianoforte).

Nella maggior parte dei trattati di orchestrazione l'obiettivo che si vuole far raggiungere al musicista è principalmente la familiarità con le caratteristiche di ciascuno strumento dell'orchestra[97].

"L'estensione, il volume, il timbro, così come le altre caratteristiche di ogni strumento vengono discussi e talvolta illustrati con esempi tolti alla letteratura orchestrale. Dopo ciò, abitualmente gli autori si preoccupano di spiegare le relazioni di affinità fra i vari strumenti; vengono discussi problemi di misura e di equilibrio, questioni di proporzioni, e infine numerosi esempi tratti da partiture illustrano l'applicazione degli esposti principi. In alcuni casi gli autori insistono sulla preferenza che dovrebbe accordarsi a questa o quella combinazione strumentale, o sul perché qualche altra combinazione non «suoni bene»[98].

Spesso il termine orchestrazione viene usato come sinonimo di strumentazione. Nella realtà dei fatti però, il termine strumentazione indica l'adattamento per un qualunque altro organico diverso da quello originale, mentre il termine orchestrazione indica la sola trascrizione di

---

[97] René Leibowitz e Jan Maguire, 1964, p.11.
[98] Cfr. *Ivi*.

musica per una formazione orchestrale.

Il lavoro di orchestrazione consiste in alcune scelte da effettuare in base a diversi parametri, come contesto storico, timbrica degli strumenti, capacità tecniche degli strumenti e dei musicisti, estensione e volume degli strumenti etc. La capacità di orchestrare non è dunque strettamente correlata al sapere e al gusto compositivo: l'autore di un brano deve acquisire diverse conoscenze di organologia.

Una caratteristica della notazione si fa qui evidente: sulla carta, o sui software notazionali, qualsiasi intervallo e qualsiasi estensione sono "eseguibili", ma non per forza questi poi possono essere realizzati dallo strumentista. Entrano in gioco quindi i limiti strumentali (ad esempio l'estensione) e fisici (ad esempio il fiato disponibile) che devono essere presi necessariamente in considerazione per una corretta redazione della composizione.

Questi ultimi limiti si possono in un certo senso superare lavorando con l'orchestrazione virtuale: i VSTi non hanno infatti limiti fisici come gli esseri umani, posso far suonare, ad esempio, la stessa nota di un flauto per diversi minuti, occorre soltanto non interrompere con un note-off il messaggio MIDI.

Nell'orchestrazione virtuale, quest'ultimo limite è molto ridotto essendo le barriere tecnico-interpretative portate al minimo grazie al supporto informatico. Indubbiamente questo superamento delle difficoltà deve essere cosciente e voluto nella mente del compositore; il contrario potrebbe, per contro, essere considerato un grave errore d'imperizia.

Facendo riferimento al semplice esempio in figura 33, riprodotto attraverso un sequencer a cui è stata assegnata sia alla traccia del flauto sia a quella del trombone un'uscita in qualche VSTi, questo sarà "eseguito" senza alcun intoppo. Porgendo lo stesso breve spartito a due abili strumentisti, molto probabilmente il flautista non avrà ancora particolari impedimenti tecnici, mentre il trombonista si troverà in grande difficoltà alla fine della seconda battuta. Questo ostacolo non è certo dovuto alla mancanza di preparazione dell'esecutore, bensì all'imperizia del compositore, che non ha preso in considerazione due fattori fondamentali:

1. l'agogica del brano indicante una elevata velocità di esecuzione

2. le caratteristiche (limiti in questo caso) del trombone, la cui tecnica di intonazione è basata sulle labbra del musicista (come in tutti gli ottoni) e sulle variazioni di posizione della *coulisse*. Queste necessità determinano dunque l'incapacità effettiva per lo strumento di effettuare note in rapida successione con articolati intervalli melodici. Infine, le caratteristiche di esecuzione spiegano il motivo per cui questo strumento viene maggiormente usato per degli accompagnamenti, piuttosto che per brani solisti.

Esempio scritto originale dall'autore per il testo

Fig. 33 - Esempio di errore organologico

Nella storia della musica sono stati scritti diversi trattatati di orchestrazione (tra i più famosi quelli di Berlioz, con *Grand traité d'instrumentation et d'orchestration modernes,* e di Rimsky-Korsakov, con *Principles of Orchestration*), in questa arte non esistono regole da considerare a priori, se non quelle del rispetto dei registri strumentali; anche questi ultimi, tuttavia, non costituiscono sempre delle certezze: dipendono infatti anche dalle abilità strumentali dei musicisti (si pensi ad esempio ai suoni armonici degli ottoni fortemente dipendenti dalle capacità esecutive del musicista) e dalle caratteristiche degli strumenti (un pianoforte *standard* ha ad esempio 88 tasti, ma esistono composizioni specifiche per pianoforti particolari con una maggiore estensione, ovvero con l'aggiunta di altri nove tasti, inseriti al grave).

Volendo cercare in letteratura musicale i procedimenti classici di orchestrazione, come quelli di alcuni dei più grandi compositori (ad esempio nelle opere di Haydn, Mozart e nel primo Beethoven), sono riscontrabili diverse caratteristiche predominanti dell'insieme degli archi (primi e secondi violini, viole, violoncelli e contrabbassi), a cui viene assegnato il compito di sostenere il maggior peso del discorso musicale.

Secondo quanto scritto da René Leibowitz e Jan Maguire[99], semplificando al massimo gli stilemi dell'orchestrazione classica (riferendosi sempre a quella del periodo di Haydn, Mozart e Beethoven) si possono trovare delle caratteristiche di base da analizzare e su cui ragionare.

---

[99] René Leibowitz e Jan Maguire, 1964, p.17.

Tendenzialmente in questo tipo di orchestrazione, ai primi violini è assegnato il tema principale, mentre ai secondi (quando, al registro inferiore di un'ottava, non raddoppiano i primi) ed alle viole vengono divise le parti intermedie (questo registro è detto "riempitivo armonico"[100], che spesso nelle versioni pianistiche, causa l'impossibilità fisica di non poter suonare tutte le note, viene ridotto o anche in parte eliminato). Ai violoncelli ed ai contrabbassi (molto spesso divisi per ottave ma nei rispettivi registri) viene fatto realizzare il basso reale[101].

In questa tecnica di orchestrazione poi, per quanto riguarda la sezione dei fiati[102] e dei timpani, ordinariamente si fa assumere a questi strumenti un ruolo di subordinazione, tipicamente avendo la funzione di aumentare l'incisività dei *forte* nelle sezioni dei *tutti*[103]. Gli strumenti a fiato sono inoltre utilizzati per amplificare le sonorità, svolgere altre funzioni secondarie come il raddoppio strumentale di una linea melodica o una elaborazione tematica[104].

"Una della maggiori caratteristiche della evoluzione del pensiero orchestrale è la sempre crescente emancipazione degli strumenti a fiato. Proprio alcune delle ultime sinfonie di Haydn e Mozart manifestano già tale tendenza.[105]"

Fu solo grazie a Beethoven (durante il sec. XIX) che gli strumenti

---

[100] *Ivi.*

[101] *Ivi.*

[102] Due flauti, due oboi, due clarinetti, due fagotti, due corni e due trombe.

[103] *Ivi.*

[104] *Ivi.*

[105] *Ivi*, p.21.

a fiato godettero di una maggiore, consapevole autonomia.

Attualmente, le versioni di storiche orchestrazioni classiche tramite l'ausilio di strumenti virtuali hanno essenzialmente il fine di dimostrare agli utenti le caratteristiche e la versatilità delle librerie di suoni, solitamente paragonandole direttamente alle versioni acustiche di medesimi brani[106].

Lo studio delle tecniche di orchestrazione è però fondamentale: gli effetti riproducibili, ad esempio da certi accoppiamenti di strumenti timbricamente diversi, si percepiscono infatti anche utilizzando strumenti virtuali. Sapere ad esempio che i flauti sono maggiormente deboli nel registro medio e che troppi strumenti d'ottone possono sommergere il resto dell'orchestra è utile (se non indispensabile) anche all'orchestratore virtuale.

Infine, la conoscenza che consente al musicista di sapere in quale *tessitura* uno strumento rende in modo migliore (o peggiore), deriva anch'essa dallo studio dell'orchestrazione classica, quindi è indispensabile per rendere altresì plausibile un'esecuzione sintetica.

---

[106] Sul sito della Garritan (http://www.garritan.com) ad esempio è possibile scaricare un file audio (http://www.garritan.com/mp3/Dvorakcomparison-narration.mp3) che, in sequenza e alternando, compara uno stesso brano di Antonín Dvořák eseguito sia da un'orchestra reale sia da una virtuale programmata.

6. Gli archi

6.1 *Le articolazioni degli archi*

Fig. 34 - "La Pucelle"
Stradivari del 1709

Trattare le varie articolazioni tecniche degli strumenti è un argomento alquanto vasto, oltre che complesso. Le famiglie sono diverse ed ognuna ha sotto di sé svariate sottofamiglie, con conseguenti varianti tecnico esecutive. Non potendo, per evidenti questioni di spazi, poter analizzare tutte queste varianti, si è ristretto il campo d'interesse alla sola famiglia degli archi, nella fattispecie il violino[107] (Fig. 34).

Motivo di questa scelta specifica è dovuto alla particolarità dello strumento che, rispetto ad altri strumenti orchestrali,

---

[107] Il violino è uno strumento appartenente alla famiglia dei cordofoni (o strumenti a corda), composto da quattro corde accordate per intervalli di quinta (Sol^3, Re^4, La^4 e Mi^5) e che legge in chiave di violino (da qui anche il nome della chiave).

possiede un elevato numero di possibili articolazioni tecniche. Questi metodi esecutivi si dividono in due tipi: quelli della mano destra (varie tecniche dell'archetto, *pizzicato* etc.) e quelli della mano sinistra (*legato*, abbellimenti etc.)

Verranno qui di seguito illustrate alcune articolazioni possibili sul violino (ma in generale applicabili su quasi tutta la famiglia degli archi).

6.1.1 Corda vuota

Come per tutti gli strumenti di questa famiglia, indica l'esecuzione di una nota senza l'utilizzo della mano sinistra, ovvero la corda suona esattamente come è stata accordata. Caratteristica di questo timbro è l'assenza di smorzamento del suono che avviene invece quando una nota è eseguita con la pressione di un dito della mano sinistra. Nell'accordatura tradizionale dello strumento le uniche note su cui è possibile eseguire questo effetto sono il Sol, il Re, il La ed il Mi (rispettivamente nella terza, quarta, quarta e quinta ottava).

6.1.2 Corda doppia

Questa tecnica si realizza azionando contemporaneamente l'archetto su due corde (tecnicamente, anche sugli altri strumenti, è detto bicordo). Tecnicamente, la difficoltà principale di questa procedura, consiste nel saper intonare correttamente due suoni.

Variante ancora maggiormente complessa è poi quella che prevede un utilizzo maggiore di corde, tre (producendo così un accordo) o addirittura tutte, ovvero utilizzando tutte e quattro le corde.

6.1.3 Pizzicato

Questa articolazione è una delle più tipiche ed utilizzate per variare il timbro tipico del violino, che è basato principalmente sulla tecnica dell'archetto.

Questo metodo esecutivo prevede che, con il dito della mano destra, la corda venga pizzicata (con il dito indice solitamente). Il risultato è un suono molto breve, caratteristico anche degli strumenti come l'arpa o la chitarra (che utilizzano normalmente la tecnica del *pizzicato*), e che è dovuto all'unica stimolazione del corpo vibrante che viene poi lasciato risuonare, amplificato dalla cassa di risonanza.

6.1.4 Vibrato

Eseguibile anche su diversi altri strumenti, il vibrato vede nella sua esecuzione sul violino la sua massima espressione. Il timbro a cui il violino viene oramai associato è quello di strumento atto a sottolineare momenti romantici o drammatici (l'oboe ad esempio, invece, è utilizzato per creare atmosfere pastorali), che sommandosi all'effetto sonoro prodotto dal vibrato, enfatizza maggiormente il risultato finale.

L'accorgimento del vibrato consiste nel movimento, più o meno, rapido del dito sopra la corda suonata (in senso longitudinale rispetto alla tastiera), producendo una variazione di tono rapida ma controllata dall'esecutore.

6.1.5 Suoni armonici

Sul violino esistono due tipi di armonici: naturali ed artificiali. Quelli naturali si producono sulle corde a vuoto, premendo leggermente, con un dito della mano sinistra, una corda in determinati punti[108], quelli artificiali (Fig. 35) si creano invece riducendo la lunghezza totale della corda, premendo con un dito della mano sinistra una corda, per poi sfiorare con l'indice della mano destra la stessa corda (ovviamente in una posizione che renda percepibile l'armonico) e pizzicare con il pollice della stessa mano la corda prescelta.

---

[108] Allo stesso modo nella chitarra, sfiorando a esempio a metà di una delle corde (ovvero al XII tasto), l'armonico risultante equivarrà all'ottava superiore del suono reale, sfiorando invece ad 1/4 della lunghezza totale della corda (V tasto) si udirà il suono di due ottave superiori rispetto la corda a vuoto e, infine, sfiorando una corda a 2/3 del totale (VII tasto), si riprodurrà una quinta dell'armonico fondamentale.

Fig. 35 - Esempio della tecnica esecutiva degli
armonici artificiali sulla chitarra

6.2 La notazione degli archi

Come già scritto in precedenza, una delle caratteristiche
peculiari degli archi, è la vastità di tecniche possibili da
eseguirvi. La maggior parte di queste è realizzata mediante
l'archetto, che, a seconda del metodo con cui viene
maneggiato, restituisce differenti qualità di suoni.

Ognuna di queste tecniche ha una sua rappresentazione su
pentagramma, che permettono di far evidenziare nel dettaglio
le scelte tecnico–espressive prescelte dal compositore per
l'esecuzione del brano. Qui di seguito alcuni esempi, illustrati e
commentati, tratti da celebri repertori violinistici.

Alla corda

Nella tecnica degli strumenti ad arco indica un'esecuzione con l'arco sulla corda, un colpo d'arco né gettato né saltato.

J.S. Bach: Presto, dalla Sonata n. 1 in sol min.

Gettato

È un colpo d'arco che consiste nel "gettare" l'arco sulle corde, ottenendo in questo modo un rimbalzo per inerzia. Viene eseguito nella metà superiore dell'arco.

N. Paganini: Capriccio n. 9 in mi magg.

Legato

Consiste nell'eseguire due o più suono con la stessa arcata. È molto importante nella determinazione del fraseggio[109] ed è indicato, normalmente, in partitura con un archetto, posto a comprendere tutte le note da legare insieme.

T. Vitali: Ciaccona in sol min.

---

[109] "In ambito sia vocale sia strumentale, modo di articolare espressivamente l'esecuzione di un brano rispettandone la struttura sintattica e interpretandone gli intimi valori" *L'Universale*, 2003, p.321.

Martellato

Questa arcata dà accento vivo all'inizio di ogni nota. L'arco deve "mordere" la corda prima di iniziare l'arcata premendo sulla stessa e successivamente abbandonando la pressione dopo la sua esecuzione ed arrestando l'arco sulla corda. (in francese "martelé", in inglese "hammered notes".

L. van Beethoven: Romanza in fa magg. Op. 50

Picchiettato

Il picchiettato è formato da una serie di suoni staccati veloci nella stessa arcata. Viene indicato con un punto sopra le note legate od anche un cuneo quando se ne richiede un'esecuzione accentuata. Il picchiettato può essere anche liscio senza martellare le note o ondulato facendo una leggera pressione ogni nota senza staccarla (si indica con un trattino).

Nel picchiettato volante l'arco viene gettato e si solleva dopo ogni suono come nello spiccato, normalmente si esegue "in su".

N. Paganini: Capriccio n. 21 in la magg.

Saltellato

Colpo d'arco staccato, ottenuto rimbalzando l'arco sulla corda con scioltezza e precisione ritmica; si esegue alla metà dell'arco.

P.I. Čajkovskij: Concerto in re magg. Op 35, 1° tempo

Spiccato

Colpo d'arco simile al saltellato ma eseguito in passaggi meno veloci, tali da permettere un sollevamento dell'arco tra una nota e l'altra. Si esegue alla metà dell'arco.

F. Mendelssohn: Concerto op. 64 in re magg.

Staccato

Colpo d'arco eseguito con bruschi impulsi ed interruzioni dell'arcata, ottenendo note secche e separate. Nello staccato, a ogni nota corrisponde un'arcata e la durata della nota stessa diminuisce leggermente. In partitura, lo staccato viene indicato con un punto posto sopra le note da staccare (vale per tutti gli strumenti). Un massiccio uso dello staccato si trova in numerose partiture settecentesche.

A. Corelli: Sonata IX in re magg. Op. V

6.2.1 La notazione avanzata

Soprattutto in ambito musicale contemporaneo, hanno visto la nascita diverse rappresentazioni grafico–simboliche appositamente create per indicare all'esecutore le precise volontà interpretative prescelte dal compositore. Utilizzando una sorta di linguaggio personale, essendo questo dunque particolarmente soggettivo, a partire da tali innovazioni, i compositori che utilizzano una notazione contemporanea (quindi spesso sinonimo di avanzata) sono soliti indicare agli esecutori una legenda esplicativa dei loro voleri interpretativi[110].

Questi nuovi simboli si collocano concettualmente in tre categorie[111]:

1. simboli che hanno fatto acquisire un nuovo significato alla notazione musicale classica
2. simboli diffusi agli inizi del '900 (*frullato* per alcuni legni e tutti gli ottoni, *pizzicato* alla Bartók etc.)
3. simboli radicalmente nuovi con altrettanto nuove modalità esecutive

---

[110] Per uno scritto di notazione contemporanea, su aspetti di carattere semiotico ed estetico, cfr. "La notazione contemporanea" di Andrea Valle (riferimenti in bibliografia), per uno scritto sulla notazione tradizionale cfr. "Manuale di scrittura musicale", di Lorenzo Ferrero (riferimenti in bibliografia).

[111] *Ivi.*

Il primo tipo di simboli ed il secondo si sono ormai insediati nell'attuale cultura notazionale, mentre quelli presenti nel terzo gruppo, con pochissime esclusioni, per la maggior parte non sono diventati degli *standard*.

Dal punto di vista dell'informatica musicale, queste nuove tecniche rappresentative hanno avuto un ausilio quasi esclusivamente dai software notazionali, poiché, come già detto in precedenza, nella musica contemporanea il compositore ha solamente la necessità di rappresentare al meglio la sua idea; tramite poi il lavoro a quattro mani con l'esecutore umano valuterà la migliore concretizzazione del proprio brano.

I software notazionali permettono a questo punto di rappresentare (e alcuni anche di eseguire), particolari figurazioni ritmico-simboliche tipiche della musica contemporanea, dando anche la possibilità di personalizzare graficamente qualsiasi rappresentazione già presente di *default*.

7. Umanizzazione di una performance musicale

Il fotorealismo è l'obiettivo principale della ricerca in computer-grafica; questa tecnologia ha il fine di simulare qualsiasi oggetto in modo tale che il risultato matematico-visivo prodotto dal calcolatore sia indistinguibile dalla sua fotografia[112].

"...è tuttora invalsa l'opinione secondo cui le immagini sintetiche in 3D generate al computer non sarebbero ancora [...] realistiche quanto le riproduzioni della realtà visiva ottenute attraverso l'obiettivo fotografico. A mio parere invece le fotografie realizzate sinteticamente al computer sono più "realistiche" delle fotografie tradizionali. Anzi, sono fin troppo reali.[113]"

Il parallelo con la computer-grafica è abbastanza calzante per le tematiche di questo scritto. In *Linguaggio dei nuovi media*, Lev Manovich pone l'attenzione sul limite della simulazione informatica della realtà: da dieci anni a questa parte, il livello di realismo raggiunto è troppo elevato rispetto alla "bassa qualità visiva" della vita reale.

La situazione portata come esempio dal Manovich nel libro in

---

[112] Lev Manovich, 2002, p.251.
[113] *Ivi*.

oggetto chiarisce pragmaticamente la questione.

Descrivendo la realizzazione degli effetti speciali del film "Jurassic Park", lo scrittore racconta uno dei problemi tecnici che il gruppo di lavoro dovette risolvere: l'integrazione tra le riprese reali e gli oggetti sintetici simulati al computer[114] (i dinosauri).

"Per ottenere questa integrazione è stato necessario abbassare la qualità delle immagini generate al computer, la loro perfezione andava attenuata per adeguarle all'imperfezione della grana della pellicola[115]".

Il legame tra questo esempio di tematica grafica e l'audio può sembrare lontano; in realtà non lo è, anzi, è molto forte.

Per aumentare la verosimiglianza di un'esecuzione strumentale però non occorre, tra le altre cose, ridurre la fedeltà dell'audio, ma "sporcarne" sia l'esecuzione sia l'ambientazione.

Come le immagini di "Jurassic Park" risultavano all'occhio umano troppo perfette nel contesto "lo-fi" della grana della pellicola, le esecuzioni MIDI risultano, questa volta all'orecchio (ma sempre comunque al nostro cervello), troppo precise.

Potrebbe anche sembrare un paradosso: per tutti i musicisti aumentare la propria precisione ritmica richiede diversi anni di costante studio di solfeggio e sullo strumento, mentre il risultato perseguito da un processo di umanizzazione della

---

[114] *Ibidem*, p.254.
[115] *Ivi*.

performance mira, in un certo senso, a "mandare fuori tempo", a ridurre la matematica, e quindi "fredda", esecuzione dei computer.

La musica virtuale viene dunque indicata come "non credibile" o "credibile" valutando essenzialmente due fattori fondamentali: la simulazione dell'esecuzione e dell'ambientazione.

Per quanto riguarda lo specifico tema del libro, ovvero, la famiglia degli archi, occorre creare una rappresentazione virtuale dei singoli strumentisti, disponendoli in ampiezza oltre che in profondità, come avviene nell'organico reale.

Concretamente ogni traccia-esecutore deve avere una sua unicità in relazione all'esecuzione, al timbro e all'ambientazione.

Ad esempio, un'orchestra virtualizzata composta da quaranta elementi dovrebbe[116] possibilmente avere altrettante diverse sorgenti di suono; tenendo inoltre conto che dieci violini reali non rendono la medesima parte all'unisono, se paragonati ad altrettante tracce di violini virtuali create, in un sequencer, tramite un processo di *copia* ed *incolla*.

Per poterle rendere credibili è necessario umanizzarle introducendo:

---

[116] Si è utilizzato il condizionale poiché, causa l'elevata richiesta di risorse hardware, non è sempre possibile lavorare con un così elevato numero di tracce virtuali, che a loro volta saranno anche probabilmente *effettate* con riverberi, equalizzatori etc.

✓ degli impercettibili ritardi[117] dell'ordine di pochi millisecondi (atti a simulare le reciproche distanze reali dei musicisti sul palco)

✓ delle modifiche all'equalizzazione (per simulare i vari violini che, essendo strumenti - di liuteria o anche di serie - suoneranno, anche se di poco, gli uni diversamente dagli altri)

✓ delle minime variazioni all'ambienza (atte a simulare il sito di esecuzione).

Infatti, immaginando ad esempio di riprendere anche solo quattro violinisti, disposti a due a due, si percepiranno:

✓ piccole differenze[118] di esecuzione[119]

---

[117] 1 metro equivale a circa 128 campioni a 44.1 kHz. Ovvero, tenuto conto che (mediamente) in 0,0029 secondi un suono percorre un metro, se in un secondo sono presenti 44.100 campioni, per spostare virtualmente di un metro l'esecutore occorre sfalsare le traccia di circa 128 campioni (campioni di sfalsamento = frequenza di campionamento X distanza in metri/velocità del suono = 44.100 X 0,0029 = 127,89 sample ≈ 128 campioni).

[118] Umanamente, l'esecuzione contemporanea di uno stesso spartito da parte di musicisti che suonano il medesimo strumento, comporta delle, seppur infinitesime, differenze di esecuzione. Queste disuguaglianze fanno percepite all'orecchio la presenza di più strumenti ad eseguire la stessa *parte*.

[119] Quelle non simulabili virtualmente sono, ad esempio, quelle per cui la stessa frase melodica viene eseguita su corde diverse (magari anche con passaggi di *corde a vuoto* rispetto a *corde coperte*). Ogni strumentista, se non espressamente indicato nella ditteggiatura, può, quasi sempre, realizzare la stessa melodia in diverse posizioni.

✓ una diversa timbrica

✓ una diversa presenza nel *mix*.

Le differenze di esecuzione si posso ricreare suonando su di una *Master Keyboard* successive esecuzioni, in tempo reale, di una stessa parte. Le variazioni timbriche si creano equalizzando in modo differente gli strumenti[120], seppur di poco per non snaturarne il suono. La presenza nel *mix* si crea lavorando sul *mixer*, impostando sui *fader* virtuali un maggiore o minore livello sonoro.

La ripresa stereo (o il nostro apparato uditivo) cattura *l'ensemble* di queste variazioni estese su tutto l'organico orchestrale, il nostro cervello poi le elabora e ne crea l'immagine sonora.

7.1.1 Orchestrazione virtuale

Riuscire a simulare virtualmente un'esecuzione richiede, oltre ad un'elevata sensibilità musicale, anche diverse competenze tecniche. Oltre alle nozioni organologiche, è necessario all'orchestratore (virtuale e non) acquisire le maggiori conoscenze possibili delle capacità espressive degli strumenti. Va ricordato inoltre che le possibilità esecutive degli strumenti non

---

[120] Alcuni VSTi, come Symphonic Orchestra della EastWest, permetto di agire direttamente sulla curva di inviluppo d'ampiezza degli strumenti, dando la possibilità all'utente di personalizzare i quattro parametri d'inviluppo di ogni strumento (*attacco, decadimento, sostegno* e *rilascio*).

si limitano alla sola conoscenza dei registri, ma anche alle effettive possibilità fisiche dell'uomo-musicista.

Ad esempio (Fig. 36), sulla chitarra classica, a prescindere dalla velocità di esecuzione e dal virtuosismo dello strumentista, lo spartito rappresentato risulterà sempre ineseguibile. Infatti, come indicato notazionalmente, viene richiesto al chitarrista di tenere per 3/4 la nota Fa (come illustrato nello spartito, l'unica eseguibile in quella ottava su questo strumento si trova sul primo tasto della sesta corda) e contemporaneamente viene richiesta una melodia che giunge fino al dodicesimo tasto dello strumento. La dilatazione richiesta risulta dunque fisicamente impossibile per qualsiasi arto umano.

Scrivere una parte virtuale di chitarra classica come questa significherebbe dunque commettere un errore; sempre che il fine di una scrittura di questo tipo sia la simulazione di un'esecuzione reale. Per contro, potrebbe invece essere sfruttata, se voluta, come superamento dei limiti di esecuzione umana, altrimenti impossibile.

Esempio scritto originale dall'autore per il testo

Fig. 36 – Esempio di scrittura corretta formalmente, ma non eseguibile sullo strumento

La corretta esecuzione strumentale di un brano richiede inoltre l'interpretazione dello spartito. Nella fattispecie: variazioni di timbro (ad esempio, in successive esecuzioni di una stessa porzione del brano), variazioni di dinamica (*crescendo, diminuendo, piano, forte* etc.) e variazioni agogiche (*accelerando, rallentando, allargando* etc.).
Ognuna di queste variazioni ha una sua simulazione virtuale.

1. **Variazioni di timbro:** questo tipo di diversificazione è tra le più "semplici" da simulare. È possibile semplicemente tramite un *program change* nel canale cui è stato assegnato un timbro differente di uno stesso strumento (ad esempio passaggio tra tecnica *ad arco* di un violino e tecnica del *pizzicato*).

   La varietà di timbriche possibili dipende esclusivamente dalle caratteristiche dei *Virtual Intruments* utilizzati

2. **Variazioni di dinamica:** la gestione totale di questo tipo di parametro avviene solitamente nei *sequencer*, anche se è possibile simularla (con una minore personalizzazione dell'esecuzione) nei meno complessi software notazionali.

   Utilizzando la finestra di gestione del *Volume Principale* (Fig. 37) dei *sequencer* (o inserendo le semplici forcelle di dinamica nei software notazionali) è possibile disegnare tutte le variazioni richieste.

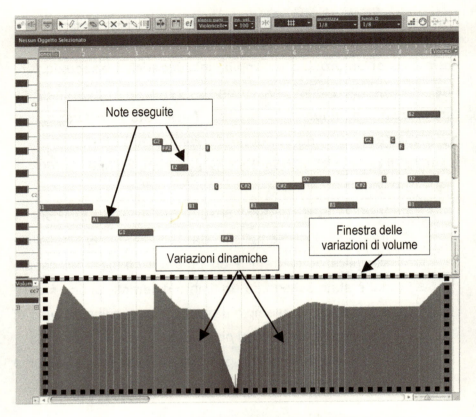

Fig. 37 – La finestra di gestione delle dinamiche di Cubase SL3

3. **Variazioni mensurali:** questo tipo di variazioni avviene solitamente nei *sequencer*, anche se è possibile simularla (con una minore personalizzazione dell'esecuzione) nei meno complessi software notazionali tramite una finestra di tempo (di solito denominata *Tempo Track* – Fig. 38)

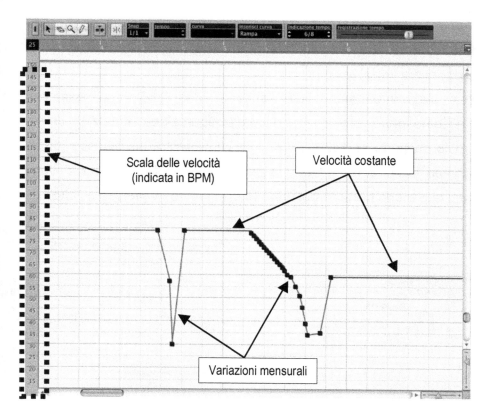

Fig. 38 – La finestra di Tempo Track di Cubase SL3

Agendo su questi tre parametri è possibile aumentare già notevolmente la sensazione di un'esecuzione non sintetica. Per aumentare ulteriormente il livello di verosimiglianza è utile lavorare sul parametro di *velocity* delle singole note.

Prendendo come esempio un tipico brano per strumento solo, saranno probabilmente presenti una melodia (abitualmente nel registro più *acuto*) ed un accompagnamento ritmico-armonico (spesso al *grave*). Esecutivamente tale brano richiederà una maggiore presenza sonora per la melodia del brano ed una minore per l'accompagnamento (che deve essere in ogni modo presente e percepibile vista la sua rilevante funzione di armonizzazione).

Nel seguente brano per chitarra (Fig. 39), ad esempio, l'accompagnamento, eseguito con la figurazione ritmica di *crome* (sulla seconda *suddivisione* di ogni *movimento*) ed il basso (con il gambo rivolto verso il basso e qui maggiormente in chiaro) devono risultare meno presenti del tema (con il gambo rivolto verso l'alto).

Fernando Sor – Studio op. 35 n. 22

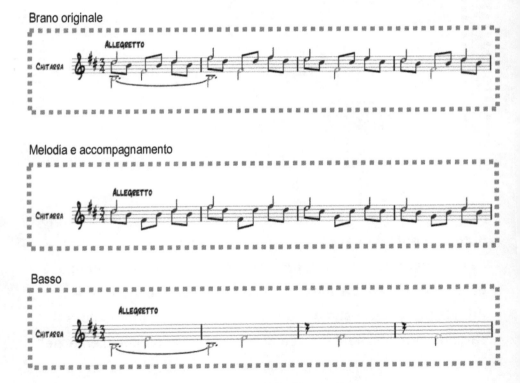

Fig. 39 – Breve analisi vocale del brano

Per poter mettere in risalto (o in secondo piano) una particolare voce, tramite un'apposita finestra dei sequencer (Fig. 40), è possibile, tramite appunto il parametro delle *velocity*, variare l'intensità virtuale di ogni singola nota.

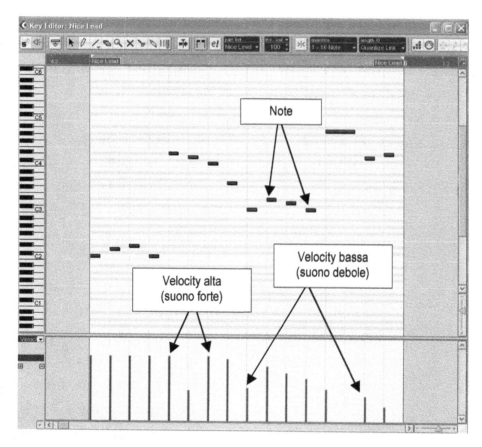

Fig. 40 – Finestra di gestione visiva delle velocity in Cubase SX3

Questo procedimento potrebbe essere *bypassato* se, in fase di inserimento delle informazioni, l'utente abbia utilizzato una tastiera MIDI, che, oltre alle informazioni di durata ed altezza delle note, possiede la capacità di memorizzare anche con quanta intensità questi suoni sono stati eseguiti.

7.1.2 Contestualizzazione spaziale ed ambientale

Dopo aver reso credibile l'esecuzione di un brano, è necessario rendere verosimili altri due fattori fondamentali: la spazializzazione e l'ambientazione dei suoni.

√ **Spazializzazione:** per spazializzazione s'intende la simulazione, in due dimensioni, della posizione sorgente del suono (lo strumento o la voce che emettono il suono) e della posizione percepente del suono (l'apparato uditivo umano in questo caso).
In ambito musicale, la riverberazione dei suoni contribuisce considerevolmente alla formazione della realtà del suono. Generalmente le sorgenti sonore naturali non sono direzionali, ma diffondono la loro energia secondo un ampio raggio; possiamo dunque comprendere che solamente una piccola porzione di energia ci giunge come un suono diretto; la porzione maggiore si incanala nel riverbero, che in questo modo costituisce una caratteristica percettiva

fondamentare per dedurre l'atmosfera emozionale collegata ai differenti suoni.

Una corretta gestione della riverberazione è dunque fondamentale quando si utilizzano suoni sintetici che per la loro natura risultano spesso molto freddi e direzionali. Prendendo sempre come esempio la disposizione dell'orchestra classica (Fig. 25), si noterà che, oltre alla dislocazione stereofonica, è presente anche una profondità di campo; in genere gli archi ed alcuni fiati sono posizionati in avanti, mentre percussioni ed ottoni sono collocati sul retro.

Tramite il parametro *Pan* (presente in tutte le varie tracce di *mixer* virtuali dei *sequencer*) è possibile posizionare qualsiasi strumento nel *mixing*[121] stereofonico. Come illustrato in figura 41, utilizzando valori compresi tra 0 (indicante l'estrema sinistra della posizione stereofonica) e 127 (indicante l'estrema destra), è possibile indicare al software dove meglio posizionare, nel *mixing*, il suono sorgente.

---

[121] Tecnicamente questo processo è denominato *panpotting* (da *panoramic potenziometer* ovvero "potenziometro panoramico").

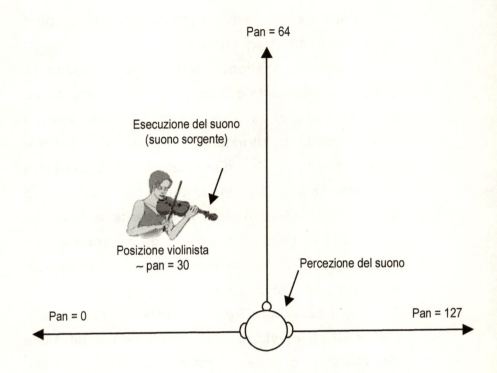

Fig. 41 – Rappresentazione della gestione panning nel MIDI

Attraverso specifici *plug-in* di riverbero è possibile creare effetti di spazializzazione del suono. Sfruttando gli studi di psicoacustica, ovvero come il cervello umano media le informazioni che giungono dall'orecchio, è possibile simulare inoltre la profondità di campo.

Il suono viaggia, nell'aria, a circa 341 m/s[122]. Ciò vuol dire che se tra la vista di un lampo e il suo frastuono

---

[122] Andrea Passarino, 2005, p. 6.

intercorrono circa 5 secondi, se ne può dedurre che il fulmine si è formato a circa 1,7 chilometri di distanza dal punto in cui il bagliore è stato visto.

$$341 \text{ m/s} \times 5 \text{ m} = 1705 \text{ m} = 1,705 \text{ Km}$$

Allo stesso modo si può dedurre che se due suoni provengono da distanze differenti, questi arriveranno sfalsati al nostro orecchio. Infatti, una volta analizzati, il nostro cervello ci restituirà la sensazione di differente posizionamento spaziale. Sfruttando queste caratteristiche del suono e del sistema percettivo del nostro udito, sono stati pensati dei software che simulano, tramite dei riverberi, le posizioni stereofoniche. Questi riverberi software digitalizzano nella memoria RAM il segnale digitale che viene poi miscelato al segnale originale. A seconda della memoria volatile disponibile nel sistema, aumenterà proporzionalmente il ritardo temporale raggiungibile[123].

---

[123] Estremizzando il concetto di riverbero, si inizia ad identificare il fenomeno con il termine *delay* o *echo* (ritardo) . La differenza sussiste nel fatto che, nel *delay*, l'orecchio umano riesce a percepire distintamente il segnale originale da quello ripetuto, nel riverbero no.

√ **Ambientazione:**

"L'ascoltatore percepisce le relazioni spaziali dei suoni riprodotti attraverso la sua conoscenza del campo sonoro e della formazione di immagini. Egli immagina uno spazio di *performance* all'interno del quale il suono riprodotto può esistere durante la "riesecuzione", cioè l'ascolto della registrazione"[124].

Quando si registra un qualsiasi strumento acustico, il tecnico del suono (o forse meglio i microfoni) non registra le sole note e le armonie dell'esecuzione, ma anche le caratteristiche d'ambiente in cui la *performance* è stata realizzata.

Come già illustrato nel cap. 4.2.4.1 del testo, gli strumenti virtuali sono solitamente forniti senza effetti ambientali applicati, questo per poter rendere un suono totalmente personalizzabile all'utente, il quale può liberamente decidere la posizione virtuale in cui la sorgente sonora è stata ipoteticamente registrata rispetto a chi percepisce il suono.

Nella realtà, lo stesso strumento suonato in ambienti diversi produce un risultato sonoro anche notevolmente diverso. Poiché le esecuzioni delle librerie di suoni sono state realizzate in ambienti il

---

[124] William Moylan, 2005, p.154.

più possibile prive di particolarità acustiche, spetta all'utente, tramite gli specifici *plug-in*, contestualizzare l'ambientazione virtuale dei suoni. Lavorando con effetti che spazializzano il suono, è possibile formare virtualmente l'immagine di sorgenti sonore all'interno del campo uditivo dell'ascoltatore (Fig. 42), rendendo così credibile anche un'esecuzione sintetica.

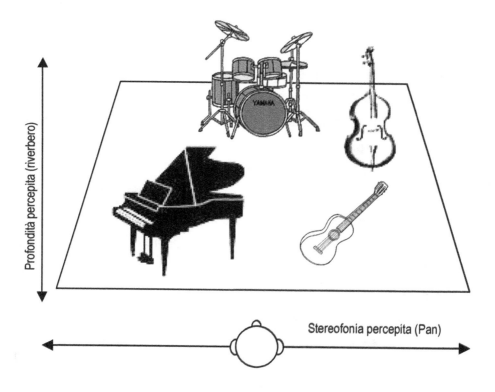

Fig. 42 – Rappresentazione della spazializzazione del suono

8. Parallelo fra composizione non assistita e composizione assistita

Generalmente, con la sequenza di termini "composizione assistita" ci si riferisce al fenomeno storico conosciuto in letteratura con il nome CMAC (*Composizione Musicale Assistita dal Computer*). Questo tipo di creazione supportata dal computer utilizza dei software (ad es. OpenMusic[125]) che danno la possibilità al compositore di manipolare degli oggetti musicali come: accordi, sequenze di altezze o strutture di durate.

Tuttavia, per le tematiche del libro, si è scelto di indicare con il nome di composizione assistita il procedimento creativo che affianca il lavoro di composizione tradizionale, portando facilitazioni e sgravi lavorativi all'utente che lo utilizza.

Se è vero che un brano scritto nello spartito può essere interpretato in vari modi, fra l'altro anche tutti indicabili come corretti, in altrettante maniere è possibile iniziare e gestire una nuova composizione.

Ogni artista, sia esso un compositore specializzato in musica classica o anche nel jazz o in qualsiasi altro genere, può avere una

---

[125] È un software sviluppato all'IRCAM (Institut de Recerche et Coordination Acoustique/Music de Paris) da Carlos Agon e Gérard Assayag e presentato pubblicamente nel 1998. Sito ufficiale http://recherche.ircam.fr/equipes/repmus/OpenMusic/.

qualsiasi tecnica a lui congeniale. Seguendo i dettami accademici, ma anche qui esistono diverse correnti di pensiero, lo studio preliminare da farsi è la scelta delle sequenze armoniche; per altri invece va sviscerato per primo il tema principale ed il suo eventuale controtema.

La risposta a questa discussione è che non si troveranno mai due individui capaci di scrivere musica seguendo gli stessi processi compositivi, così come non si incontreranno mai due pittori che mesceranno allo stesso modo colori ad olio per i loro quadri.

Si complica dunque notevolmente il lavoro di chi vorrebbe capire se, come avviene in altri argomenti, l'utilizzo di un determinato software, affiancato dal giusto hardware, porti un vantaggio o uno svantaggio all'utilizzatore; sia in termini di mole di lavoro, sia in termini di tempi effettivi di realizzazione.

Ancora, il paragone risulta difficile per un altro motivo; solitamente un compositore tradizionale imposta sul pianoforte le sequenze armoniche, o le melodie, proprio come, per un osservatore superficiale, li può impostare un compositore che utilizza supporti informatici; ma il primo avrà l'effettivo risultato sonoro di quanto ha composto solo quando ne potrà ascoltare la prima esecuzione orchestrata; il secondo, invece, avrà la percezione immediata di come l'intero organico esegue le sue composizioni, con lo svantaggio, però, causa l'assenza di un processo di umanizzazione dell'esecuzione[126], di ascoltare delle esecuzioni "senz'anima".

Per quanto concerne l'utilizzo della composizione assistita,

---

[126] Cfr. cap. 7 del testo.

l'utilizzo di un elaboratore elettronico per comporre musica comporta importanti cambiamenti. Il primo riguarda il modo di procedere nello scrivere la musica, nello specifico ci si riferisce all'atto di scrivere materialmente le note sul pentagramma, alla possibilità, data da un qualsiasi software notazionale, di lavorare direttamente sull'organico completo (cosa che certo richiede una maggiore preparazione e spigliatezza musicale) invece che sulla riduzione pianistica. In passato un compositore classico era di solito un pianista, o in ogni modo un musicista in possesso di un minimo livello tecnico sulla tastiera. Sfruttando un software notazionale, la conoscenza tecnica si può davvero ridurre di parecchio, con il vantaggio indiscusso di avere anche il risultato sonoro dell'orchestrazione completa "sotto l'orecchio".

Quando un compositore moderno decide di scrivere un'opera, ha tre tipi di scelte espressive per realizzare la propria arte.

Può adoperare, insomma,

- la composizione non assistita
- la composizione automatica
- la composizione assistita

Qui di seguito verranno brevemente analizzate le ultime due, maggiormente attinenti agli argomenti di questo testo.

8.1 La composizione automatica

Questo tipo di tecnica realizzativa utilizza la potenza di calcolo e la programmabilità del calcolatore; i procedimenti per comporre questo tipo di musica si determinano preventivamente, impostando i criteri da far rispettare al computer in fase compositiva[127] ed esecutiva.

Il musicista deve insomma fare il programmatore, determinare gli algoritmi e inserendo le "regole del brano", lasciando poi al computer stesso il compito di comporre la musica secondo gli schemi del modello introdotto[128].

"I modelli di composizione automatica vengono utilizzati generalmente per creare delle opere sperimentali o per cercare di simulare modelli compositivi esistenti come, ad esempio, quelli contrappuntistici: grazie ad un adeguato programma sarà quindi possibile far creare al computer una composizione in stile barocco ed anche se non sarà del calibro di J.S.Bach sarà sempre il raggiungimento di un traguardo notevole"[129].

I modelli compositivi adottabili possono essere di due tipi: probabilistico o deterministico.

L'arte della combinatoria ha sempre fatto parte del fare

---

[127] Tali criteri si possono paragonare alle regole di base dell'armonia occidentale, unica differenza è che le regole della composizione automatica vengono di volta in volta variate e prescelte per ogni composizione.

[128] Cfr. Enrico Paita, 1997, p.26.

[129] Cfr. *ivi.*

musicale; matematica e composizione hanno avuto fin dall'inizio un'attrazione reciproca che, sotto diverse prospettive e caratteristiche, è da sempre presente nella storia. Una sorta di composizione simile si trova infatti già nella storia della musica: è attribuito a Wolfgang Amadeus Mozart "il gioco dei dadi" che è uno dei primi esempi di composizione algoritmica[130].

---

[130] Non si ha la certezza che la teoria sia del compositore austriaco, comunque un'interessante descrizione dell'argomento si trova sul testo *Gioco per comporre musica con i dadi*, cfr. bibliografia.
Per un approccio a questo tipo di composizione cfr. *Computer Music Tutorial* di Curtis Roads.

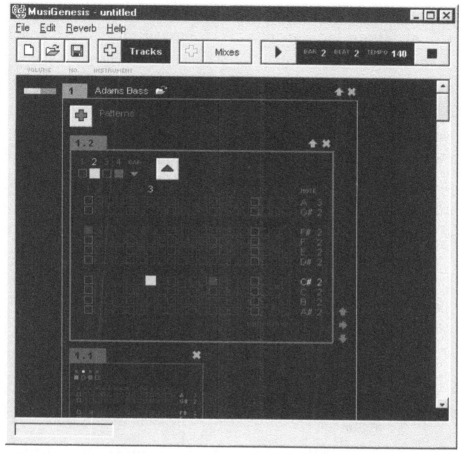

Fig. 43 - L'interfaccia del software di composizione
automatica MusicGenesis (sito ufficiale http://www.musigenesis.com)

8.2 La composizione assistita

Questo tipo di condotta compositiva permette all'autore di intervenire in qualsiasi parte del processo realizzativo, confermando o variando le scelte del computer. Come per la composizione automatica, il compositore (in questo caso compositore–programmatore) deve fornire all'elaboratore un modello di composizione formalizzato secondo regole probabilistiche o deterministiche ma che, questa volta, deve lavorare in maniera interattiva, lasciando cioè un canale di comunicazione aperto verso l'esterno[131].

Nella composizione assistita il potere decisionale è limitato rispetto al sistema compositivo automatico e dipende fortemente dal tipo di interazione impostata tra utente e macchina. Ad esempio, il software potrebbe richiedere all'utente diverse informazioni prima di *renderizzare* il brano, oppure, se impostato diversamente, lavorare anche in tempo reale con il musicista.

La conversione tra

- il linguaggio del compositore, che, prendendo a prestito un idioma tipico della programmazione informatica, possiamo definire "linguaggio di alto livello"
- il linguaggio macchina del computer, che, questa volta correttamente, possiamo definire "linguaggio di basso livello"

avviene tramite l'interfaccia (GUI) dei *sequencer*[132] (Fig. 44), o dei programmi notazionali[133] (Fig. 45), che

---

[131] Cfr. Enrico Paita, 1997, p.27.

[132] Ad esempio i software *sequencer* Cubase, Logic, Reason, Pro Tools etc.

[133] Ad esempio Sibelius, Finale, Harmony Assistant etc.

permettono agli utenti di inserire (tramite mouse, o tastiera tradizionale o *Master Keyboard*), direttamente le note su di un pentagramma virtuale.

I vantaggi di sfruttare queste tecnologie sono diversi, come già accennato più volte. Non si è parlato però di un altro fattore rilevante che, seppur non direttamente correlato all'ambito musicale, facilita alcuni aspetti della composizione in generale: la resa visiva e l'organizzazione della partitura.

Utilizzando qualsiasi *score editor,* è possibile impostare in maniera dettagliata l'aspetto estetico della partitura[134], (come la dimensione e la spaziatura tra le note, l'impaginazione, lo stile generale etc.), facendo inoltre lavorare il compositore in un ambiente personalizzato e versatile.

Un esempio, tramite un parallelo, potrebbero essere, pensando alle agevolazioni che apportano agli utenti, i programmi di *word processing* che coniugano, all'interno della stessa interfaccia, la formalità grafica alla flessibilità procedurale.

---

[134] Nello specifico il riferimento è maggiormente ai software notazionali più che ai *sequencer.*

Fig. 44 - L'interfaccia dello Score Editor del *sequencer* Cubase 4

Fig. 45 - L'interfaccia del software notazionale Sibelius 4

8.3 Confronto tra composizione assistita e non assistita

Volendo confrontare la composizione assistita e quella non assistita, è possibile notare quali metodi sono comuni e quali differenti.

I punti da rimarcare maggiormente sono però i risultati ottenibili: infatti le due procedure restituiscono sì dei prodotti simili (ad esempio lo spartito, anche se uno manoscritto e l'altro stampato), ma anche risultati del tutto incommensurabili (come il *rendering* audio della composizione assistita o l'anteprima in tempo reale del software notazionale).

8.3.1 Diagrammi di flusso comparativi

Supponendo di voler comporre un brano tonale, verranno qui di seguito illustrate le possibili procedure che utilizzano, o meno, l'ausilio informatico.

La composizione non assistita: questo tipo di procedimento genera, nel nostro studio, un diagramma di flusso (cfr. Fig. 46) non molto articolato.

I dati in ingresso sono individuati in metrica e tonalità, informazioni obbligatorie per poter procedere in questo sviluppo compositivo.

In seguito, il musicista si troverà di fronte alla prima decisione da prendere, ovvero se scrivere un brano per un organico o per strumento solo.

- o **Per strumento solo:** è il procedimento "più breve", necessita dunque dei soli sviluppi tematici ed armonici.

- o **Per organico:** come per il procedimento precedente, la scelta di questo percorso, porta il compositore allo sviluppo dei temi e delle generiche sequenze accordali di armonizzazione. Il nuovo passaggio, che interviene in questo ramo del diagramma di flusso, richiede infine il lavoro di orchestrazione sugli strumenti prescelti dall'autore del brano. Questa porzione del diagramma entra in *loop* fintantoché il risultato generale degli impasti timbrici e delle scelte strumentali non soddisfano il compositore.

Per entrambe le diramazioni del diagramma "l'*output*" generato sarà lo spartito manoscritto.

Composizione non assistita (Fig. 46)

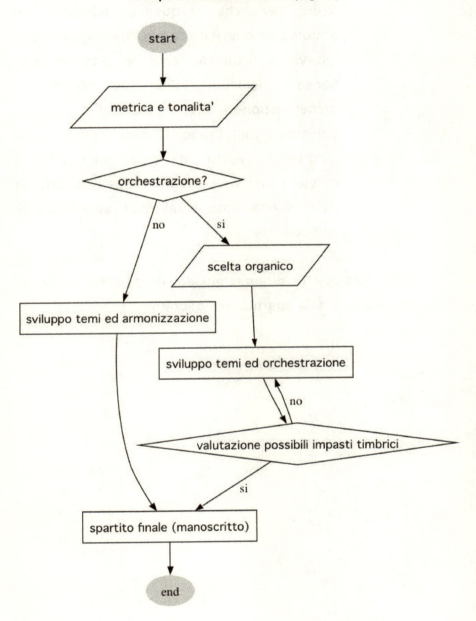

La composizione assistita: quest'altro diagramma di flusso (cfr. Fig. 47) risulta evidentemente più complesso del precedente e merita quindi un'attenta analisi dei risultati perseguibili.

Come detto per il precedente digramma di flusso, anche questa analisi è solamente una delle attuabili, esistono infatti anche qui pressoché infinite possibilità combinatorie.

Il diagramma inizia con una richiesta all'utente, ovvero di prescegliere se lavorare con un dato strumentale in ingresso (procedimento dunque di tipo concreto) o con un dato strumentale in ingresso generico (procedimento astratto, che prevede quindi la scelta di dati strumentali in base a dei registri teorici sui cui voler poi lavorare).

A questo punto si ha la prima ramificazione del diagramma che, secondo la procedura di lavoro prescelta, richiederà di operare con:

- o **dati concreti:** questo tipo di procedimento, dopo l'inserimento dell'organico nello *score editor* (e quindi indicando l'organico concreto per la composizione), prevede lo sviluppo dei temi e delle relative armonizzazioni.

    A questo punto del diagramma compare una delle più evidenti differenze con la composizione non assistita: si entra infatti in un ciclo (la valutazione MIDI) che permette all'utente-musicista di avere una prima anteprima in tempo reale delle decisioni prese. Il *loop* qui inserito è quindi giustificato dalla possibilità, teoricamente infinita, di valutare (e poter modificare in maniera immediata) quanto prodotto sul software notazionale.

Proseguendo nel diagramma di flusso s'incorre nel primo dei tre *end* previsti; giunti a questo punto del procedimento, potrebbe anche essere necessario solo stampare tipograficamente il risultato ottenuto (con la possibilità di stampare automaticamente il brano completo o le singole parti strumentali).

Se l'obiettivo dell'autore non è la stampa su supporto cartaceo, il diagramma prevede l'importazione dello spartito (convertito dallo *score editor* da formato proprietario in SMF) in un sequencer. Questa sezione del diagramma (*out* in VSTi) prevede l'associazione delle precedenti tracce MIDI all'uscita dei *virtual intrument* prescelti nella fase iniziale del processo (in quel momento ancora in formato MIDI e non audio). Successivamente (valutazione AUDIO), ciclando su questo nodo del digramma, la stima del nuovo risultato ottenuto dà al compositore una seconda[135] possibilità di udire un'anteprima in tempo reale (e ancora più plausibile) del brano; potendolo così valutare, anche qui teoricamente all'infinito, variando, se necessario, le impostazioni degli strumenti virtuali prescelti.

Se questi ultimi dovessero essere accettabili, si transiterebbe allo *step* successivo, ovvero il processo di umanizzazione esecutiva ed ambientale, che infine produrrebbe il secondo *output* previsto: il *rendering* audio del brano, basato su strumenti ed ambienti virtuali e su l'umanizzazione di esecuzione simulata.

Tornando al nodo di "valutazione AUDIO", se le varizioni di impostazioni dei *virtual instrument* non dovessero soddisfare appieno l'autore, è stato previsto un sotto ciclo atto alla riassegnazione delle tracce MIDI nell'*out* di nuovi strumenti virtuali.

Infine, il diagramma prevede il rientro nel percorso in precedenza descritto.

○ **dati astratti**: quest'ultima variante richiede all'utente di lavorare con dati di generici, ovvero di scegliere preventivamente in quale

---

[135] La prima è stata data dallo *score editor*.

range melodico si vorrà scrivere, ipotizzando una formazione teorica.

In seguito, come per i precedenti diagrammi di flusso, è richiesto lo sviluppo armonico e tematico del brano che, nel nodo successivo, verrà per la prima volta vagliato grazie all'anteprima dello *score editor*. Una volta usciti da questo *loop*, ovvero avendo accettato il risultato MIDI ottenuto, si presenta all'utente un *end*, che dà la possibilità al compositore di imprimere su carta lo spartito astratto.

Se non fosse questa l'esigenza del compositore, si procederà quindi alla conversione del file da formato proprietario in SMF (come era avvenuto nella ramificazione dei dati concreti).

Giunti a questo punto, si fa necessaria la richiesta di scelta di un organico concreto, poiché, per poter generare un *rendering* audio del brano, è necessario scegliere a quale VSTi assegnare le tracce MIDI astratte, precedentemente create nello *score editor*.

Decretata questa decisione, il diagramma si collega nuovamente al "*flow-chart* dei dati concreti" (*out* in VSTi), proseguendo con la stessa condotta.

Composizione assistita (Fig. 47)

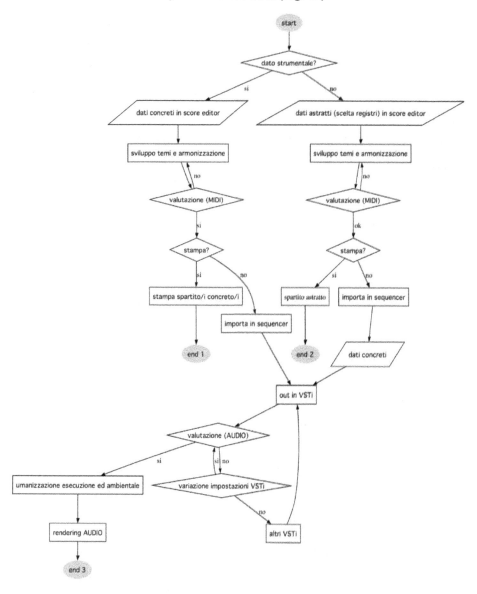

Come è evidente da questo parallelo, l'utilizzo o meno delle tecnologie informatiche di ausilio alla composizione comportano per i musicisti delle modifiche al tradizionale processo compositivo; ma non solo, i risultati ottenibili possono essere diversi: ad esempio la possibilità di stampare (e vedersi quindi impaginare automaticamente) solo le parti degli strumenti di cui si necessita, o anche la possibilità di avere un *rendering* audio di come il brano suonerà definitivamente.

9. Realizzazione di una breve orchestrazione virtuale

Al termine dell'illustrazione teorica dell'attuale offerta informatica di ausilio ad alcuni aspetti della composizione, verrà in questo capitolo commentato un procedimento completo di composizione, orchestrazione virtuale ed umanizzazione di un brano originale composto appositamente per il libro.

L'hardware ed il software utilizzato per la realizzazione del brano è sintetizzato nella seguente tabella

Hardware	Processore	PowerMac G5 2x2Ghz
	Ram	3 Gb (DDR SDRAM)
	Hard Disk	250Gb + 600Gb (FireWire800)
	Scheda Audio	Edirol Fa-101 (FireWire800)
	Monitor Audio	Dynaudio Bm6a
Software	Sistema Operativo	OSX 10.4.11
	Sequencer	Cubase SL3
	Notazionale	Sibelius 4.1
	Plug-in di effetti	TRackS compressor (compressore) e ArtsAcoustic Reverb (riverbero)
	Librerie di suoni	East-Weast Symphonic Orchestra e Garritan Personal Orchestra

Il materiale a disposizione è stato poi collegato secondo il seguente schema (*DAW setup chart*[136]).

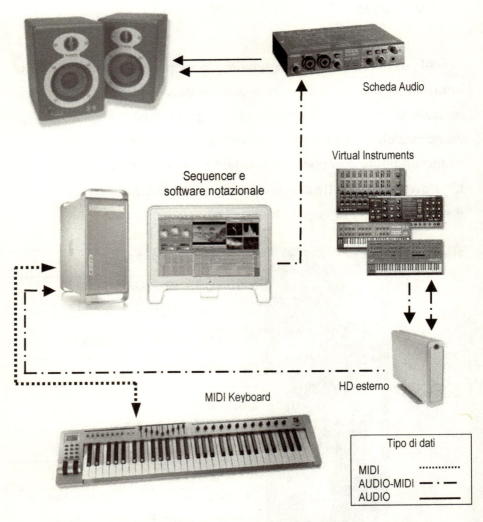

DAW setup chart utilizzata per l'esempio di orchestrazione virtuale

---

[136] Cfr. cap. 4.1.5 del testo.

8.4 Creazione della partitura

Come organico del brano sono stati scelti il violino, a cui è stato assegnato il tema principale, il pianoforte, che svolge sia la funzione di accompagnamento armonico sia qualche semplice spunto di controtema ed il violoncello, che esegue l'accompagnamento nel registro *grave*.

La metrica del brano impostata è di 6/8, nella tonalità di Si minore. Dopo aver inserito nel software di notazione le informazioni generali sul brano (*metrica, tonalità* ed *agogica*) si è successivamente provveduto a scrivere lo spartito per ogni strumento dell'organico.

Per poter dimostrare le possibilità tecniche e dinamiche degli strumenti virtuali, nelle otto battute del brano, sono state concentrate diverse informazioni in merito all'esecuzione richiesta, come *pizzicato, legato, vibrato* e *variazioni di tempo*.

Nei software notazionali e nei *sequencer* queste variazioni coincidono con dei un *program change*[137], ovvero al passaggio del relativo canale cui è assegnata una tecnica di esecuzione o timbro (ad esempio il passaggio tra il *pizzicato* e l'*arco* del violino).

Essendo gli applicativi notazionali essenzialmente dei visualizzatori

---

[137] "Messaggio MIDI che permette di selezionare uno dei 128 timbri all'interno del banco specificato dal CC Bank Select", Pier Calderan e Luca Barbieri, 2004, Glossario p.371.

grafici delle informazioni (nella fattispecie degli spartiti) e non espressamente dei manipolatori d'informazioni[138] (in questo caso di dati MIDI), non tutte le informazioni vengono abbinate a dei dati MIDI. Ad esempio, semplici variazioni dinamiche come *crescendo* e *diminuendo* vengono, dai software notazionali, sommariamente interpretate variando gradualmente le *velocity*[139] delle singole note; inoltre, al momento, non è permesso loro di simulare diversi timbri specifici di uno stesso strumento, come ad esempio suonare *sul ponte*, o effettuar altre particolari tecniche sul violino[140]. Tali sfumature strumentali sono invece simulabili sfruttando le librerie di suoni che, essendo anche per questo concepite, possiedono un elevato grado di personalizzazione, e per uno stesso strumento sono dotate anche di decine di articolazioni possibili[141].

Una volta terminata la composizione e la sua impaginazione sullo *score editor*, il risultato ottenuto è visibile in allegato n. 2 al libro.

Terminato il lavoro di composizione, orchestrazione e d'impaginazione del brano, poiché ogni software notazionale lavora con un formato proprietario, si è proceduto con l'esportazione dello stesso in formato SMF, rendendolo così compatibile con qualsiasi *sequencer* software.

---

[138] Come lo sono invece i software *sequencer*.

[139] È un parametro MIDI che simula la dinamica, ovvero la velocità con cui la mano dell'esecutore "cade sul tasto". Maggiore sarà la *velocity*, maggiore sarà l'intensità dinamica di quella nota.

[140] Cfr. cap. 6.

[141] Cfr. cap.4.2.4.1.

8.5 Orchestrazione virtuale del brano

All'importazione del file MIDI all'interno del *software*
Cubase SL3, il *sequencer* riconosce automaticamente
(grazie alle informazioni MIDI) il numero ed il tipo di tracce
inserite nel brano (Fig. 48).

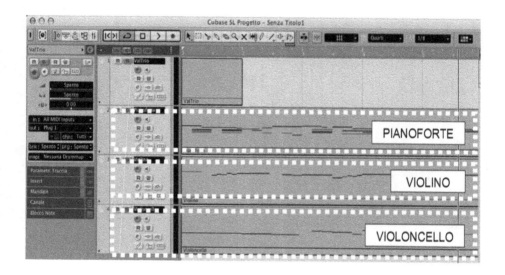

Fig. 48 – Importazione del file MIDI in Cubase SL3

Per questioni di comodità organizzativa e lavorativa si è
scelto di evidenziare con gradazioni di colore differenti le
varie tracce e di dividere in due porzioni la traccia del
violino: la prima in cui lo strumento suona tramite
articolazione del *pizzicato*, la seconda in cui viene simulato
l'utilizzo dell'*arco*. Si è dunque duplicata la traccia e si sono,
in seguito, messe in *mute* le rispettive singole porzioni di tracce

(le prime quattro battute del violino *con arco* e le ultime quattro del violino con *pizzicato*) non interessate (Fig. 49).

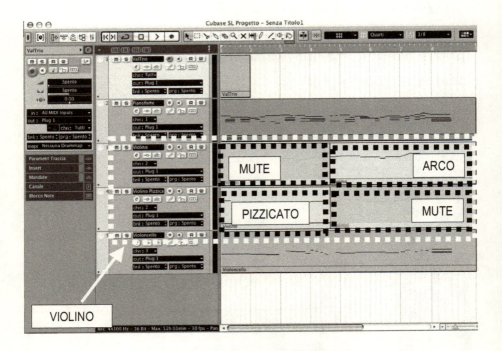

Fig. 49 – **Organizzazione della traccia del violino in Cubase SL3**

Infine, organizzato il *progetto* secondo le necessità visive e tecniche, si procede con l'assegnazione delle singole tracce (MIDI-out) ai vari *Virtual Intruments*.
Qui di seguito (Fig. 50) sono riassunti i vari collegamenti prescelti per l'esempio.

Strumento	VSTi utilizzato	Nome Patch
Pianoforte	Garritan Orchestra	STEINWAY PIANO DUO1
Violino	Symphonic Orchestra	F SVL SUS VIB SOFT
Violino Pizzicato	Garritan Orchestra	VIOLIN 2 STRAD PIZZICATO
Violoncello	Symphonic Orchestra	F SVC SUS VIB SMOOTH

Fig. 50 – Virtual instrument e *patch* utilizzate per l'esempio

8.5.1 Umanizzazione

Come illustrato nel sesto capitolo del libro, il limite di una "esecuzione informatica", se non modificata appositamente, è la sua innaturalezza, sia espressiva sia ambientale.

Per cercare di eliminare, o meglio di ridurre, questi risultati sonori d'insufficiente realtà, dovuti a processi artificiali, si procede, tramite tecniche più o meno catalogate, all'umanizzazione della *performance*.

Questo processo prevede solitamente due momenti distinti: il primo consiste nell'umanizzazione dell'esecuzione[142], il secondo "nell'umanizzazione spaziale ed ambientale[143]".

Nell'esempio creato per il libro si è dunque proceduto

---

[142] Cfr. cap.7 del testo.

[143] Cfr. cap.7.1.2 del testo.

preventivamente ad analizzare l'impianto armonico, successivamente si è scelta una delle possibili interpretazioni (*dinamica*, *timbrica* ed *espressione*) da adottare per ogni strumento dell'organico.

Analizzato il brano, si è passati alla realizzazione pratica della simulazione di esecuzione.

Tramite gli appositi pannelli del sequencer (Fig. 40 e Fig. 44) si sono dunque osservate le varie voci dei singoli strumenti, decidendo il tipo di articolazioni da far eseguire ai *virtual intruments*.

Per il violino ad esempio si è scelto dove *legare* i suoni (Fig. 51), per il violoncello, che in partitura presentava dei *puntati* (battuta n.4 ad esempio), si è provveduto a migliorarli, nonostante i messaggi MIDI interpretassero già quel segno espressivo dimezzando la durata effettiva della nota rappresentata (le note scritte in partitura erano delle crome – 1/8 – le note eseguite sono state dei sedicesimi – 1/16 - Fig. 52).

Più semplice è stata l'umanizzazione del pianoforte, poiché essendo uno strumento con poche articolazioni (sicuramente rispetto ad uno strumento ad arco) ha richiesto solamente delle piccole ottimizzazioni alle *velocity* delle singole note (Fig. 53): perfezionamenti atti principalmente a distaccare la mano destra virtuale (melodia e controcanto al violino) dalla mano sinistra (riempitivo armonico).

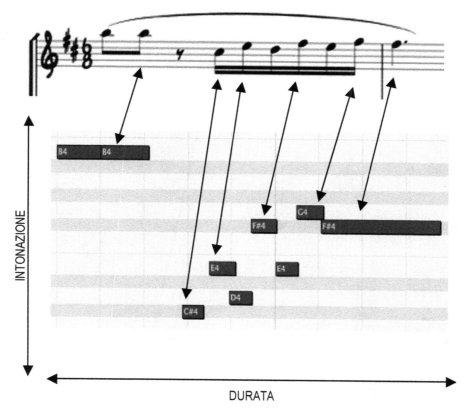

**Fig. 51 – Realizzazione di una legatura in
notazione (in cima) e nel sequencer (in basso)**

La rappresentazione delle legature tramite l'interfaccia dei sequencer (il *Key Editor*[144]), avviene dilatando o restringendo dei *box* atti ad indicare contemporaneamente l'intonazione (rappresentata dalla posizione in verticale[145] dei *box*) e la durata dei suoni (rappresentata dalla

---

[144] Cfr. cap. 4.2.2.1 del testo.

[145] Una nota F#2 sarà rappresentata con un *box* "più in alto" rispetto ad una nota F#1.

lunghezza proporzionale dei *box*).

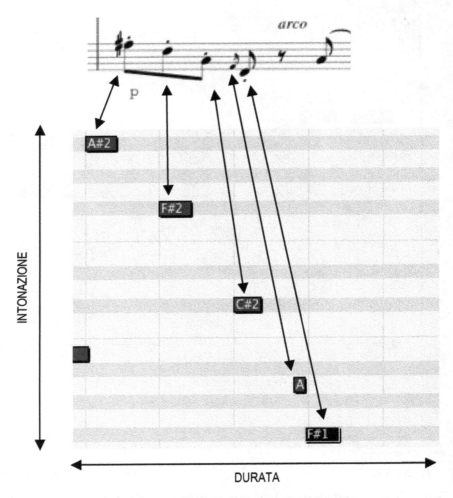

Fig. 52 – Realizzazione di alcune puntature in
notazione (in cima) e nel sequencer (in basso)

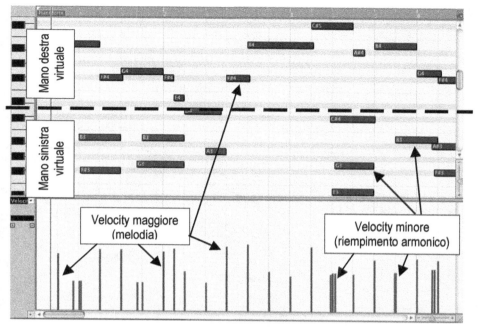

Fig. 53 – Perfezionamento dei parametri *Velocity*
nella parte del pianoforte

Eseguite le operazioni d'interpretazione tecnica, si è poi passati a lavorare sull'agogica del brano.

Tramite l'apposita finestra di gestione (*Tempo Track*[146] Fig. 54) sono dunque stati impostati i cambiamenti di tempo. La semplicità della forma del brano (Cfr. Allegato n. 2 del libro) ha necessitato di soli due interventi: il primo alla fine della prima *semifrase* (fine di battuta n. 4) che, coincidendo con la *ripresa*, ha richiesto prima un *allargamento* del tempo e successivamente la sua ripresa *a tempo*; il secondo, coincidente con la fine del brano (battuta n. 7 e n. 8), in cui è stato inserito

---

[146] Cfr. cap. 4.2.2.1 del testo.

un graduale *rallentando* del *tutti*.

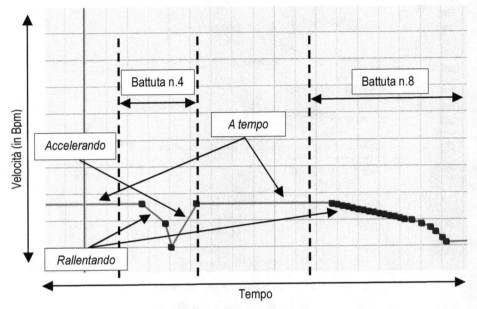

Fig. 54 – Variazioni sulla Tempo *Track* del brano realizzato

8.5.2 Ambientazione e posizionamento

Per ambientazione e posizionamento, come descritto nei precedenti capitoli del libro, si intende la simulazione degli spazi e delle posizioni in cui sono stati ipoteticamente ripresi degli strumenti reali.

Come la procedura precedente, anche questa è una sorta di umanizzazione, ma ambientale ed atta a rendere "umano" il locale dove gli strumenti sono stati fatti suonare.

Le relazioni spaziali percepite dall'uomo riguardano diversi fattori, come il posizionamento spaziale della sorgente sonora rispetto all'ascoltatore (sopra, sotto, davanti, dietro, destra e sinistra), la distanza tra la fonte sonora e quella percepiente, il tipo, le dimensioni e le proprietà dell'ambiente che ospita la sorgente sonora e la posizione della sorgente all'interno dell'ambiente[147].

Da questo elenco si deduce che i fattori da dover ricreare, per poter restituire una registrazione realistica, sono diversi e richiedono vari e articolati procedimenti per una loro corretta simulazione[148].

Per non dover scendere troppo nei dettagli, per l'esempio in oggetto, si è deciso di simulare solamente due di questi fattori, che producono comunque una più che accettabile sensazione ambientale.

I parametri presi in considerazione sono: il posizionamento stereofonico (*pan*) e la simulazione ambientale del loco di ripresa degli strumenti.

√ **Posizionamento stereofonico:** la scelta della posizione tra il canale destro e quello sinistro prende tecnicamente il nome di *panpotting* (da *pan*[149]). Questa procedura permette di assegnare, tramite il *mixer* virtuale, ad ogni traccia virtuale del sequencer (ma anche nei software notazionali) un valore di *panpotting* (compreso tra 0 e

---

[147] Cfr. William Moyan, 2005, p.22.

[148] Specialmente il posizionamento spaziale tramite la tecnica del *surround sound* (suono avvolgente) che permette di generare un ambiente realistico intorno all'ascoltatore.

[149] Cfr. cap. 7.1.2 del testo.

127^{150}) che rappresenta posizione stereofonica in cui verrà assegnato lo strumento.

Nel brano realizzato, il cui organico era composto da un violino, un pianoforte ed un contrabbasso, si è scelto di posizionare il violino (tema principale), rispetto al centro, a circa 40 punti "sulla sinistra" (*pan* = 24), il violoncello (basso) specularmente a 40 punti "sulla destra" (*pan* = 104) ed il pianoforte (riempitivo armonico e controtemi), senza *panpotting*, ovvero in posizione centrale (*pan* = 64 - Fig. 55).

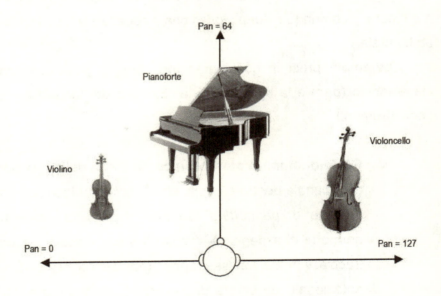

Fig. 55 – Rappresentazione grafica del posizionamento stereofonico prescelto per l'esempio realizzato

---

[150] Cfr. Fig. 41 del cap. 7.1.2 del testo – Rappresentazione della gestione panning nel MIDI.

√ **simulazione ambientale:** per creare un'ambientazione credibile si è pensato ad un tipo di struttura reale in cui potrebbero essere stati fatti suonare gli strumenti.

La scelta è ricaduta su una struttura che avesse una risposta acustica simile ad una piccola chiesa.

È stato dunque applicato a tutti gli strumenti ad arco un leggero riverbero, mentre al pianoforte, pensando di collocarlo virtualmente "dietro" gli altri due strumenti[151] (Fig. 56), si è provveduto ad aumentare maggiormente la quantità di *mandata* dell'effetto di riverbero.

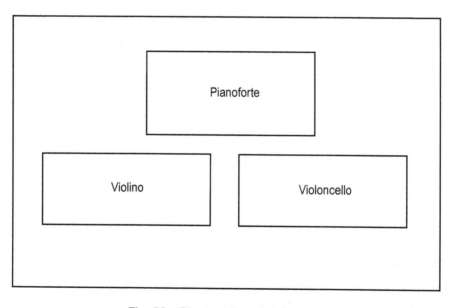

Fig. 56 – Pianta del posizionamento
spaziale prescelto per l'esempio realizzato

---

[151] Cfr. capp. 4.2.3.1 e 7.1.2 del testo.

X. Conclusioni

Gli argomenti illustrati nel corso del libro sono, sia per questioni di spazio sia per la mole d'imponenti competenze richieste[152], una piccola porzione di ciò che attualmente è possibile realizzare, tramite l'ausilio informatico, per l'arte musicale.

Questo libro tende ad accogliere una porzione di ciò che attualmente è possibile concretizzare avvalendosi della simulazione di strumenti musicali e degli ambienti in cui questi sono stati idealmente ripresi, sull'umanizzazione di una *performance* musicale e sulle tecniche fondamentali dell'orchestrazione virtuale (anche classica quindi).

Come ogni arte, la musica nasce per eprimere le sensazioni ed il pensiero dell'autore. Gli strumenti (acustici o sintetici) sono il solo veicolo, danno infatti la possibilità di tradurre concetti musicali e sensazioni in note reali che, tramite vibrazioni dell'aria, giungeranno all'orecchio dell'ascoltatore, producendo, si spera, altre percezioni ed emozioni. In questo processo interviene però un fattore esterno: l'interprete, che, anche volendo aderire il più possibile a quanto scritto dal compositore nello spartito, non potrà mai riprodurre appieno il suo pensiero e le sue emozioni.

---

[152] Si pensi al solo fatto che i processi di creazione di un'orchestrazione virtuale, anche professionalmente, sono svolti tra più figure qualificate.

L'ausilio del computer permette oggi ad un compositore moderno di poter costruire da capo a fondo il proprio brano, senza alcuna "interferenza" di terzi, partendo dall'idea, passando dallo spartito e giungendo al prodotto finito, esclusivamente guidato dai propri pensieri e dalle proprie idee.

Come più volte illustrato in precedenza nell'arco di questo scritto, l'ausilio dei calcolatori porta sì a delle semplificazioni nei procedimenti compositivi (si pensi all'anteprima audio in *real-time* dei software notazionali), ma comporta, inoltre, diversi successivi studi atti ad acquisire, da parte del musicista, nuove competenze (acustica, psicoacustica, elettronica, informatica, matematica etc.) essenziali per comprendere e così governare al meglio i sicuramente più complessi software *sequencer* ed i vari *plug-in* audio e MIDI.

La padronanza dei due saperi (musica ed informatica) permane in questo nuovo ambito; per l'utente-musicista sono necessarie dunque delle nuove conoscenze, senza le quali non sarà possibile giungere ad un buon esito finale. L'informatica viene infatti sì in ausilio ai musicisti, ma, come avviene in tutti i procedimenti automatizzati, occorre saper gestire ed avere piena cognizione di ciò che effettivamente è possibile realizzare tramite il loro corretto utilizzo.

Come avviene in qualsiasi campo del sapere, le novità, più o meno avveniristiche, portano con sé la difficoltà di lavorare su tematiche con alle spalle significativi secoli di storia. Inoltre la contaminazione tra musica e tecnologia presuppone il fatto che i tempi di assimilazione delle novità viaggino, rubando una terminologia esecutiva, con un'agogica particolarmente "larga".

Il futuro della musica sarà sicuramente la continuazione del connubio tra le varie influenze storico-geografico-culturali; il nuovo ingrediente da miscelare, o meglio *mixare* a questo punto (come si è detto durante lo scritto), è il supporto informatico. Quest'ultimo può ora svolgere differenti funzioni, sia di ausilio sia di miglioramento della pratica compositiva ed esecutiva.

Le tecnologie illustrate in questo libro sono quanto scoperto nei primi tempi della rivoluzione informatica iniziata a metà degli anni Novanta dello scorso secolo. L'avvento di *Internet* e la rapida ascesa delle prestazioni globali dei computer hanno indiscutibilmente creato un nuovo approccio sia in ambito lavorativo sia creativo sia casalingo. Sfruttare i mezzi disponibili è ormai alla portata di tutti e sarebbe poco sensato non approfittarne.

È solo l'inizio di ciò che è sempre più facile realizzare per chiunque. Una qualunque piattaforma hardware e software[153] permette sempre più facilmente a tutti gli utenti di sperimentare le proprie idee musicali e di vedersele poi eseguire[154] sempre più credibili, è il caso di dirlo, da "una vera orchestra virtuale"[155].

---

[153] Proprio in questi mesi sono uscite distribuzioni di Linux (ad esempio Ubuntustudio 7 – http://ubuntustudio.org –) e di *sequencer* appositamente creati per l'ambito musicale; il tutto quindi a costo zero per l'utente e, meglio ancora, per le varie istituzioni scolastiche, conservatoriali ed universitarie.

[154] A prescindere ovviamente dal livello musicale finale espresso.

[155] Vera, perlomeno dal punto di vista dei campioni reali utilizzati dalla

XII. Postfazione di Gianni Nuti

Non è vero che la musica e l'informatica sono così distanti, perché entrambe si basano su numeri, algoritmi, simulazioni.

Non c'è nulla di più matematico della musica, che segmenta frequenze, organizza trame temporali secondo leggi di proporzionalità, simmetrie, corrispondenze; un compositore non fa che eseguire un'operazione complessa, i cui passaggi sono consequenziali, in cui la logica impone leggi ferree e, per coerenza interna, immutabili, nonostante le leggende romantiche sull'ispirazione divina, l'estasi creativa e l'impossessamento da parte di energie irrazionali.

Sia la musica che l'informatica concorrono ad allargare gli spazi esperienziali all'uomo inquieto, che non si accontenta di una vita, ma ne vuole di molteplici, intense e sempre più multisensoriali: paesaggi virtuali e architetture sonore creano, sotto forma di metafora, di illusione veridica, delle oasi nel flusso della temporalità in cui si concentrano dinamiche esistenziali ricche e variegate in pochi istanti o su uno schermo di pochi pollici. Ma in entrambi i casi il valore sta nella controllabilità di ciò che accade, nella possibilità di governare le morti e le rinascite che si avvicendano in ogni flusso vitale, nell'opportunità di diventare artefici dello

---

maggior parte delle librerie orchestrali.

sviluppo e della fine di un corpo organico.

Dopo la lettura di questo volume puntuale, sintetico e scorrevole sullo stato dell'arte nell'incontro tra l'informatica e la composizione per orchestra sento rafforzata una mia convinzione: sia che l'uomo abbia in mano una clava, sia che possieda un mondo intero in un palmare trova il modo di evocare pensieri poetici, di piegare la materia più o meno sofisticata al potere dell'immaginazione. Non temo il progresso se questo offre strumenti nuovi e tangibili per guardare oltre l'apparenza, dove, per certo, sta la bellezza immutabile. Proprio qui albergano le ragioni ultime che ci sfuggono, eppure chiamano per voce della natura e delle opere del nostro ingegno.

Gianni Nuti

XIII. Ringraziamenti

Ringrazio, *in primis*, la mia Famiglia per la loro costante presenza nella mia vita e per aver reso possibile il raggiungimento anche di questo importante traguardo.

Desidero esprimere un sentito ringraziamento ad Andrea Valle e a Gianni Nuti per tutti i loro preziosi consigli ed aiuti.

Esprimo inoltre gratitudine e riconoscenza ai Maestri Roberto Milani e Paolo Manfrin per tutti i loro "prestiti culturali".

Sono grato poi ad Andrea "Only" Mirteto per aver preso così a cuore "la mia causa", a Marco Livecchi per la foto in quarta di copertina (ma anche per le altre!) ed al "villeggiante" Andrea Argenton per la grafica della *cover*.

Un grazie di cuore anche tutti gli amici (Alberto, Olivier, Jean Paul, Alessia, Carmen, Dario, Giorgio, Fabio, Federica, Andrea, Nathalie, Michele, Vanessa, Mirko etc.) che mi sopportano ogni giorno che passa e che condividono con me la loro vita.

Un ultimo ringraziamento, tutt'altro che in ordine d'importanza, va a Laura Costa Damarco per tutto il bel tempo passato insieme e per quello che mi trasmette quotidianamente.

GRAZIE.

Dicembre 2007
Salvatore

XIV. Glossario

ASIO: acronimo di *Audio Stream Input Output*, è uno specifico *driver* audio di Steinberg che presenta bassi periodi di *latenza* grazie all'interfacciamento diretto tra la scheda audio e il software.

BUS: è la linea dove vengono indirizzati più segnali. Il concetto di bus è equivalente sia per il digitale sia per l'analogico. Un esempio di bus analogico sono i gruppi presenti in tutti i *mixer* professionali e semiprofessionali. In questo caso, i segnali provenienti da più canali vengono convogliati e raggruppati su un singolo bus. Un bus digitale viene utilizzato dai dispositivi per trasmettere i dati. Per esempio la scheda audio, ma non solo questo componente, di un computer comunica con il processore centrale utilizzando un bus.

CAMPIONE: in inglese *sample*, file in cui viene memorizzata una registrazione digitale di breve durata (ad es. una singola nota o una frase musicale).

CLIP: in tutti i programmi di *editing* audio digitale indica un segmento definito dal programma audio.

CONTROLLI VIRTUALI: riproduzione a *monitor* video dei controlli della strumentazione audio. Sono comandabili tramite *mouse*, tastiera del computer o apposita superfice di controllo.

DAW: acronimo di Digital Audio Workstation, indica una piattaforma hardware (sia Windows sia Apple) dedicata ad acquisire, editare e finalizzare dati audio digitali.

EDITING NON DISTRUTTIVO: in una *DAW* è un'operazione di modifica alle informazioni presenti nell'hard disk. Può essere annullato senza alcune pregiudicazione della qualità dell'audio.

EQUALIZZAZIONE: altrimenti detta EQ, è la regolazione della risposta in frequenza compiuta per modificare il bilanciamento tonale e le frequenze indesiderate.

FADER: potenziometro lineare e scorrevole che viene utilizzato, sia sui *mixer* virtuali sia su quelli reali, per regolare il livello di un segnale.

FONDAMENTALE: è la frequenza più bassa in un'onda complessa.

FREQUENZA: numero di cicli (misurato in Hertz - Hz) in un secondo di un'onda sonora o di un segnale audio. Una frequenza bassa (ad es. 80 Hz di un contrabbasso), risulterà di grave intonazione; una frequenza alta (ad es. 880 Hz di un violino), verrà percepita come tono acuto.

FULL–DUPLEX: la tecnologia Full Duplex consente di riprodurre e registrare audio contemporaneamente e con la medesima scheda audio (la modalità Half Duplex consentirebbe una sola operazione alla volta).

INVILUPPO: è il grafico del volume di una nota, comprendente la fase ascendente e discendente, nel tempo. Si ottiene collegando i diversi picchi delle onde che formano la nota.

LATENZA: dall'inglese "Latency", ritardo. Tempo che intercorre tra l'esecuzione di un comando e il verificarsi del relativo evento. È presente in diversi campi dell'informatica e della telefonia; ma nel campo audio e MIDI, la latenza può verificarsi quando si utilizzano gli strumenti virtuali su computer non ben configurati o che montano schede audio con *driver* non compatibili con lo *standard* ASIO o ASIO2. Il risultato sonoro, in presenza di latenza in un sistema, si percepisce suonando ad esempio una nota nella Master Keyboard; se il totale di ms (millisecondi), dato dalla sommatoria del tempo impiegato per inviare l'impulso e il consecutivo rientro dello stesso, supera una certa quantità di ms, verrà percepito dall'orecchio umano come latenza. Statisticamente l'orecchio umano inizia a percepire latenza dai 15/17 ms in poi.

LOOP: indica sia la ripetizione ciclica di una porzione di un suono in un software di campionamento sia un *pattern* ritmico, melodico o armonico.

MASTER KEYBOARD: è un particolare tipo di tastiera "muta", ovvero sprovvista di suoni. Il suo scopo è principalmente quello di comandare, tramite il protocollo MIDI, altri strumenti compatibili con tale tecnologia (*expanders*, multieffetti, altre tastiere etc.). Le più recenti sono provviste anche di particolari *controller* (rotativi o a *fader*) che permettono di governare, tramite libera assegnazione da parte dell'utente, tutti i parametri espressivi dei diversi VSTi.

MIDI: acronimo inglese di Musical Instruments Digital Interface (interfaccia digitale per strumenti musicali), si riferisce sia al protocollo di trasmissione sia all'hardware di controllo che ne veicola la trasmissione. È un protocollo informatico attraverso cui è possibile far comunicare e sincronizzare strumenti musicali che supportino tale tecnologia.

MIXER: dispositivo (sia software sia hardware) che miscela diversi segnali audio e ne controlla i livelli.

PLUG–IN: la traduzione letterale dall'inglese è "inserimento a spina". È un componente aggiuntivo, di solito sviluppato da terzi, che, attaccandosi come una spina, permette di aggiungere nuove funzionalità ai *sequencer*. Quest'ultimo fa da *host*, ovvero ospita questo componente esterno, lavora su due sottoinsiemi di *plug–in*, quelli MIDI (detti anche *plug–in* intruments e che sono atti a simulare strumenti reali) o quelli audio (detti *plug–in effects* e che riproducono virtualmente effetti hardware come *chorus*, *delay*, riverberi, compressori, equalizzatori etc.).

SEQUENCER: è un software o un hardware, quest'ultimo sempre più in disuso per l'elevata versatilità del primo, che permette di registrare su tracce, anche separate e contemporaneamente, sia comandi ed eventi MIDI sia audio.

SMF: acronimo inglese di *Standard* Midi File, permette di trasformare un brano che rispetta questo *standard*, in un pacchetto di eventi MIDI rendendolo così trasferibile su qualsiasi *sequencer* compatibile.

XV. Bibliografia

Musica

✓ "Enciclopedia della Musica", Autori vari – UTET, 1996
✓ "Gioco per comporre musica con i dadi", a cura di Roberta Bortolozzo – Armelin Musica, 2006
✓ "L'universale – La grande enciclopedia universale", Autori vari – Garzanti libri, 2003
✓ "La notazione musicale contemporanea", Andrea Valle – EDT, 2002
✓ "La tecnica dell'orchestra contemporanea", di Alfredo Casella e Vittorio Montanari – Ricordi 1948 – IIa edizione, 2000
✓ "Study of Orchestration", di Samuel Adler – W. W. Norton & Company – IIIa edizione, 2002
✓ "Armonia", di Walter Piston (edizione riveduta e ampliata da Mark DeVoto) – EDT, 1989
✓ "Il violino e la viola", di Yehudi Menuhin e William Primrose – Franco Muzzio & c. editore, 1983
✓ "Per la musica moderna e contemporanea – 209 esercizi di Tecnica superiore violinistica", di Paolo Borciani – Ricordi, 1977
✓ "Manuale di scrittura musicale", di Lorenzo Ferrero – EDT, 2007
✓ "Il pensiero orchestrale", di René Leibowitz e Jan Maguire – Edizioni Musicali Salvati – Bari, 1964

- ✓ "Contrappunto e composizione", di Felix Salzer e Carl Schachter (Edizione italiana a cura di Mario Baroni e Elena Modena) – EDT/SIdM, 1991
- ✓ "Nuova storia della musica", di Riccardo Allorto – Edizioni Ricordi, seconda edizine, 1992
- ✓ "Forma e gesto nella composizione orchestrale" di Leonardo Taschera – Clueb, 2000

Informatica

- ✓ "Audio e Multimedia", di Vincenzo Lombardo e Andrea Valle – UTET – IIa edizione, 2006
- ✓ "The Guide To MIDI Orchestration", di Paul Gireath – MusicWorks Atlanta – IIIa edizione, 2004
- ✓ "Fare musica con il PC", di Pier Calderan e Luca Barbieri – Apogeo, 2004
- ✓ "Computer e Musica manuale completo", di Enrico Paita – Jackson Libri, 1997
- ✓ "Linguaggio dei nuovi media", di Lev Manovich – Edizioni Olivares, 2002
- ✓ "Cubase Sx Guida Pratica", di Nicola Castrofino e Bruno Gioffré – Mondadori Informatica, 2005
- ✓ "MIDI. L'interfaccia digitale per gli strumenti musicali", di Robert Guérin, Apogeo, 2003
- ✓ "Computer e Musica", di Mauro Fario e Maurizio Sansone – Cuen, 2000
- ✓ "The Computer Music Tutorial", di Curtis Roads – MIT Press, 1996

Acustica, psicoacustica e tecniche di registrazione

✓ "Manuale di Acustica", di F. Alton Everest – Edizioni Hoepli, 1996

✓ "Fisica nella Musica", di Andrea Frova – Edizioni Zanichelli, 2003

✓ "L'arte della Registrazione", di William Moylan – Edizioni Hoepli, 2005

✓ "Acustica & Musica", di Andrea Passarino – Il Canguro Edizioni, 2005

✓ "Tecniche di registrazione", di Bruce Bartlett e Jenny Bartlett, edizione italiana a cura di Pier Calderan – Apogeo, 2006

XVI. Sitografia

Musica

✓ http://www.musicalchairs.info/ (sito di informazione riguardante orchestre, musicisti e conservatori di tutto il mondo)

✓ http://www.rhul.ac.uk/Music/Golden-pages/ (un portale con indici dei principali siti di interesse musicale nel mondo)

✓ http://www.edumus.it (sito italiano sull'educazione musicale)

✓ http://www.siem-online.it/ (Associazione senza fini di lucro costituita da operatori nel settore dell'educazione musicale)

✓ http://www.fenice.org/musicult/ (rivista on-line sulla cultura musicale)

✓ http://www.classicaonline.com/ (informazioni sulla musica classica)

✓ http://www.amic.it/ (Archivi della musica italiana contemporanea)

Informatica

✓ http://www.calderan.info (Sito ufficiale di Pier Calderan, scrive per Apogeo, rivista on-line)

✓ http://www.midi.org (Associazione internazionale costruttori MIDI, è possibile trovare le informazione più aggiornate sull'argomento)

✓ http://www.aimi-musica.org (Associazione di informatica musicale Italiana)

✓ http://www.steinberg.net (Sito ufficiale della software house produttrice di Cubase)

- ✓ http://www.propellerheads.se (Sito ufficiale del software sequencer Reason)
- ✓ http://www.computermusic.org/ (Associazione internazionale di computer music)
- ✓ http://sibelius.forumup.it (forum italiano interamente dedicato al software notazionale Sibelius)
- ✓ http://www.axnet.it/crm (C.R.M. centro Ricerche Musicali – Roma)
- ✓ http://www.ircam.fr (I.R.C.A.M Institut de Recherche et Coordination Acoustique/Musique – Parigi)
- ✓ http://www.sibelius.com (Sito ufficiale della software notazionale Sibelius)
- ✓ http://www.codamusic.com (Sito ufficiale della software notazionale Finale)
- ✓ http://www.lilypond.org (Sito ufficiale della software notazionale LilyPond)
- ✓ http://sound-effects-library.com/ (librerie di suoni)
- ✓ http://www.mario.harvard.edu (H.C.M.C Harvard Computer Music Center)
- ✓ http://www.mc2mac.com (informazioni sul MIDI e l'audio)
- ✓ http://www.tascam.com/support/faq/pc_optimiza/index.php (suggerimenti per l'ottimizzazione del proprio computer)
- ✓ http://www.computermusic.co.uk/main.asp (informazioni, tutorial e forum)
- ✓ http://www.cubase.net (discussioni, notizie e tutorial sul sequencer Cubase)

- ✓ http://www.macbeat.com/tech.html (tecniche di ottimizzazione specificatamente per i sistemi Macintosh)
- ✓ http://www.hitsquad.com/smm/ (contiene link per scaricare software attinente al MIDI e all'audio, per sistemi Windows, Mac, Linux, BeOS e Atari)
- ✓ http://www.audiomidi-educational.it (Istituto italiano per le tecnologie applicate alla musica)
- ✓ http://www.e-musiweb.org/ (musica e tecnologia nella scuola italiana)
- ✓ http://www.cematitalia.it/cemat/index.htm (Federazione Centri Musicali Attrezzati)

Acustica

- ✓ http://www.associazioneitalianadiacustica.it/ (Associazione italiana di acustica)
- ✓ http://www.agonarsmagnetica.it/ (Acustica, informatica e musica)
- ✓ http://www.acousticsciences.com/ (Corporazione scientifica di acustica)
- ✓ http://www.altracustica.org/ (informazioni generiche sulla fisica dell'acustica)
- ✓ http://www.aits.it/ (Associazione Italiana Tecnici del Suono)
- ✓ http://www.acusticaapplicata.com/ (Società di acustica applicata)
- ✓ http://www.idac.rm.cnr.it/ (Istituto di acustica O. M. Corbino)
- ✓ http://www.iacma.it/index.htm (scuola internazionale di acustica musicale IACMA - Università di Bologna)

XVII. Allegati

Allegato N.1 - Elenco patch General MIDI

Piano	0=Acoustic Grand Piano 1=Bright Acoustic Piano 2=Electric Grand Piano 3=Honkytonk Piano 4=Rhodes Piano 5=Chorused Piano 6=Harpsichord 7=Clavinet	**Ensemble**	48=String Ensemble 1 49=String Ensemble 2 50=SynthStrings 1 51=SynthStrings 2 52=Choir Aahs 53=Voice Oohs 54=Synth Voice 55=Orchestra Hit	**Synth FX**	96=FX 1 (rain) 97=FX 2 (soundtrack) 98=FX 3 (crystal) 99=FX4 (atmosphere) 100=FX 5 (brightness) 101=FX 6 (goblins) 102=FX 7 (echoes) 103=FX 8 (sci-fi)
Chromatic	8=Celesta 9=Glockenspiel 10=Music Box 11=Vibraphone 12=Marimba 13=Xylophone 14=Tubular Bells 15=Dulcimer	**Brass**	56=Trumpet 57=Trombone 58=Tuba 59=Muted Trumpet 60=French Horn 61=Brass Section 62=Synth Brass 1 63=Synth Brass 2	**Ethnic**	104=Sitar 105=Banjo 106=Shamisen 107=Koto 108=Kalimba 109=Bagpipe 110=Fiddle 111=Shanai
Organ	16=Hammond Organ 17=Percussive Organ 18=Rock Organ 19=Church Organ 20=Reed Organ 21=Accordion 22=Harmonica 23=Tango Accordion	**Lead**	64=Soprano Sax 65=Alto Sax 66=Tenor Sax 67=Baritone Sax 68=Oboe 69=English Horn 70=Bassoon 71=Clarinet	**Percussive**	112=Tinkle Bell 113=Agogo 114=Steel Drums 115=Woodblock 116=Taiko Drum 117=Melodic Tom 118=Synth Drum 119=Reverse Cymbal
Guitar	24=Acoustic Guitar (nylon) 25=Acoustic Guitar (steel) 26=Electric Guitar (jazz) 27=Electric Guitar (clean) 28=Electric Guitar (muted) 29=Overdriven Guitar 30=Distortion Guitar 31=Guitar Harmonics	**Pipe**	72=Piccolo 73=Flute 74=Recorder 75=Pan Flute 76=Bottle Blow 77=Shakuhachi 78=Whistle 79=Ocarina	**Sound FX**	120=Guitar Fret Noise 121=Breath Noise 122=Seashore 123=Bird Tweet 124=Telephone Ring 125=Helicopter 126=Applause 127=Gunshot
Bass	32=Acoustic Bass 33=Electric Bass (finger) 34=Electric Bass (pick) 35=Fretless Bass 36=Slap Bass 1 37=Slap Bass 2 38=Synth Bass 1 39=Synth Bass 2	**Synth Lead**	80=square 81=sawtooth 82=calliope lead 83=chiff lead 84=charang 85=voice 86=fifths 87=bass + lead		
Strings Orchestra	40=Violin 41=Viola 42=Cello 43=Contrabass 44=Tremolo Strings 45=Pizzicato Strings 46=Orchestral Harp 47=Timpani	**Synth Pad**	88=new age 89=warm 90=polysynth 91=choir 92=bowed 93=metallic 94=halo 95=sweep		

www.ingramcontent.com/pod-product-compliance
Lightning Source LLC
LaVergne TN
LVHW042334060326
832902LV00006B/173